DÉCOUVERTES

ET

INVENTIONS

PAR

ÉLIÇAGARAY.

3e édition.

A PARIS

CHEZ PHILIPPART, LIBRAIRE,

RUE DAUPHINE, 24,

ET CHEZ TOUS LES LIBRAIRES

DE LA FRANCE.

DÉCOUVERTES

ET

INVENTIONS

A

ACADÉMIE. La première académie dont les lumières aient rayonné sur la France fut fondée par Charlemagne en 779. — L'Académie française le fut par Richelieu en 1635 : le plus grand des rois et le plus grand des ministres !

AÉROSTATS. Inventés par Montgolfier, expérimentés par lui-même à Annonay, le 15 mai 1783. Les premiers aéronautes furent Pilastre des Rosiers et le physicien Charles ; ces intrépides navigateurs de l'air ouvrirent la route à d'autres non moins intrépides qu'eux, aux Blanchard, aux Garnerin, et, de nos jours, à l'Anglais Green, si célèbre par le nombre et le succès constant de ses ascensions. — Tout le monde se souvient historiquement du ballon qui fut lancé au moment de la bataille de Fleurus pour aller reconnaître les positions ennemies ; mais il en est un autre bien moins connu, quoique se rattachant à un fait historique encore plus moderne, c'est le ballon monstrueux, qui, à Moscou, devait planer sur l'armée française, et, arrivé au-dessus de l'Empereur, faire tomber sur sa tête une pluie de fer et de feu. A l'essaï, les ailes de l'aérostat se brisèrent, et c'est l'insuccès de ce moyen qui entraîna le gouverneur de Moscou, Rostopchine, à la détermination héroïque de l'incendie de la ville.

AIGUILLES. Ce fut en 1560 que Greening retrouva le procédé de la fabrication des aiguilles, dû, quelques années avant lui, à un Indien. On s'était servi jusque-là d'arêtes de poisson et d'épines en guise d'aiguilles et d'épingles.—Ce qui paraîtrait incroyable si le fait n'était avéré, c'est que cet infiniment petit objet qu'on nomme une aiguille passe, aujourd'hui, entre les mains de 120 ouvriers avant d'arriver à cette perfection qu'exige son usage.—Les Phrygiens sont regardés comme les inventeurs des ouvrages à l'aiguille ; les dames romaines en faisaient leur occupation, et c'est avec une aiguille que la femme de Claudius et de Marc-Antoine, l'ambitieuse Fulvie, perça la langue de Cicéron.

AIMANT. C'est le *magnès* des Latins, du nom de *Magnésie*, ville de Lydie, aux environs de laquelle l'aimant était fort commun. Quand un aimant est librement suspendu il oscille pendant quelques instants, puis s'arrête dans une position fixe, dirigeant une de ses extrémités vers le nord et l'autre vers le sud ; c'est à cette propriété qu'on doit la création de la boussole vers l'année 1302 (V. *Boussole*).—On voit, dit une légende, dans la mosquée de Médine un exemple merveilleux des propriétés attractives de l'aimant : le tombeau en fer de Mahomet, attiré avec une égale puissance par deux énormes pierres d'aimant scellées de chaque côté dans la muraille du temple, reste suspendu en l'air au milieu d'elles, et semble perpétuellement osciller au-dessus de la tête des Croyants.

ALGÈBRE. Quoique la création de cette science soit attribuée au géomètre Diophante de l'école d'Alexandrie (quatrième siècle), la gloire en revient au Maure *Al-Geber*, qui transporta en Europe la science des nombres, nommée plus tard *algèbre* en son honneur. La tour de la Giralda à Séville servait aux observations du savant Maure : cette tour est le seul monument qui reste de l'ancienne mosquée sur l'emplacement de laquelle fut bâtie la magnifique cathédrale actuelle. — L'introduction dans les calculs algébriques des lettres de l'alphabet est l'œuvre d'un Français nommé Viète (seizième siècle).

ALLUMETTES. C'est à un Français nommé Savaresse, mort il y a peu d'années et connu par un grand nombre d'inventions, qu'est due celle des allumettes à friction. Il vendit son procédé à des Allemands et à des Anglais, qui d'abord allèrent l'exploiter à Vienne ; et, par une singularité, qui du reste est le sort de beaucoup d'inventions en France, les allumettes françaises nous sont venues en réalité d'Allemagne sous le nom d'*Allumettes chimiques allemandes*.

ALPHABET. L'invention des caractères alphabétiques est généralement attribuée aux Assyriens et aux Égyptiens, mais leur diffusion chez les autres peuples de l'univers a suivi la progression lente du temps. — Plus lente encore a été sa marche pour cet imbécile roi d'Espagne qui eut nom Philippe III : il ne lui fallut pas moins de *douze* ans pour apprendre son alphabet.

AMIANTE. (V. *Serviettes*.)

AMPUTATION. L'amputation des membres n'est devenue d'usage qu'au seizième siècle, et n'a commencé qu'à cette époque à être exempte des dangers dont était accompagnée, antérieurement, chaque opération chirurgicale. — Les Anciens avaient fait de l'amputation une opération si redoutable, que beaucoup d'entre eux préféraient abandonner le malade à une mort certaine.

ANATOMIE. L'anatomie des Anciens était restée à l'état de chaos et les idées de Galien l'avaient embrouillée quelque peu davantage, lorsque, au seizième siècle, Vésale, Falloppe, Eustachi, firent jaillir les lumières de cette science. — *L'Anatomie générale* a été créée par l'illustre Bichat, et continuée par Béclard et les anatomistes modernes. — *L'Anatomie pathologique* est une création de Dupuytren.—Publication, en 1800, du fameux traité de *l'Anatomie comparée* par l'un des plus grands génies contemporains, Georges Cuvier.—Mais le véritable créateur de *l'anatomie*, je le répète, ce fut *Vésale*, qui détrôna *Galien*, et que l'inquisition fit mourir de faim sur les côtes de Zanthe. (V. *Dissection*.)

ANTIMOINE. Les propriétés de ce minéral, que toutes les mines de métaux produisent, qui se mêle avec tant d'avantages à l'étain, au plomb et au cuivre, qui polit le verre, qui rend plus fin et plus harmonieux le son des cloches et qui entre d'une manière si salutaire dans les préparations médicinales, furent découvertes au seizième siècle par le moine allemand Basile Valentin, au préjudice des moines ses frères, sur qui son expérimentation fut mortelle. Ce fut Paracelse qui le premier, en 1522, en dirigea et en modéra l'usage. — La combinaison de l'antimoine avec le plomb forme les caractères d'imprimerie.

ARBALÈTE. Invention attribuée aux Phéniciens. — L'origine de l'arc et des flèches, armes des Grecs, des Romains et des Parthes, celle de la fronde, dont les paysans huguenots se servirent au siège de Sancerre pour économiser leur poudre, sont aussi d'une haute antiquité, et leur usage n'est tombé qu'à l'époque de l'invention des armes à feu. — Les compagnies d'arbalétriers bourgeois précédèrent celles d'arquebusiers. (V. *Arquebuse*.)—Les arbalétriers français se distinguèrent à Marignan et à Bouvines.

ARC. Les archers crétois furent renommés dans l'antiquité; les archers anglais l'ont été dans les temps modernes. — Personne ne doit ignorer le trait de cet archer grec qui dans une bataille contre Philippe, père d'Alexandre, lança dans le camp macédonien une flèche sur laquelle étaient écrits ces mots : *A l'œil droit de Philippe*. La flèche arriva à son adresse : l'œil droit de Philippe fut crevé.

ARÉOMÈTRE. Les anciens auteurs parlent d'un aréomètre, imaginé par la fille d'un philosophe d'Alexandrie, nommée Hypathia Mais l'instrument moderne, plus connu sous le nom de *pèse-liqueurs*, est de l'invention de Homberg (fin du dix-septième siècle), invention perfectionnée depuis par Guyton, Fahrenheit et Nicholson.

ARQUEBUSE. L'invention de cette arme, dont on se servit au seizième siècle, ne remonte pas au delà du règne de Henri II; elles furent d'abord à rouet, puis à croc; puis, la pierre à feu remplaça la mèche. — Les chevaliers de l'Arquebuse ou les Arquebusiers de Dijon virent leurs priviléges confirmés par Henri IV et Louis XIV, et le premier de ces rois tira lui-même l'oiseau; mais l'historien de Dijon ne dit pas (ce qui lui fait honneur) s'il abattit l'aile droite, s'il emporta l'aile gauche: ce qui prouve qu'à cette époque les flagorneries royales n'étaient pas arrivées comme de nos jours à la septième puissance. — Du reste, l'historique de cette arme ne s'honore pas toujours de loyaux combats : si ce fut une arquebuse qui châtia mortellement le connétable de Bourbon au siége de Rome, si une arquebuse à croc a tué Bayard, c'est une arquebuse aussi qui fut dirigée sur Coligny par le fanatique Maurevel; c'est armé d'une arquebuse que Charles IX s'avance ensanglanté dans l'histoire et dans la postérité. — On a conservé encore dans certaines provinces l'usage des prix de l'arquebuse ; mais on ne les gagne plus qu'avec des fusils.

ARSENIC. C'est en 1837 que Marsh publia un nouvel appareil, dit *appareil de Marsh*, si utile pour la constatation légale des empoisonnements, au moyen duquel on reconnaît les plus faibles portions d'arsenic introduites dans l'économie, et qu'ont rendu si fameux les travaux de M. Orfila sur les poisons : en matière criminelle, les tribunaux ne peuvent plus s'en passer.

ASSIGNATS. La création de ce papier-monnaie, hypothéqué sur les domaines ecclésiastiques, fut décrétée en 1790 par l'Assemblée nationale; il atteignit bientôt le chiffre de 4 milliards.— De 1792 à 1796, il fut émis pour 45 milliards et 500 millions de livres d'assignats, qui furent définitivement abolis après diverses opérations fatales qui les avaient réduits à 800 millions de mandats, et précipité la France dans la plus effroyable des banqueroutes.

ASTROLABE. Inventé par Martin Behaïm, aidé de deux médecins de Jean II, roi de Portugal.

ASTRONOMIE. Elle fut enseignée à Charlemagne par le savant anglo-saxon Alcuin.

ATTRACTION. La découverte et la doctrine de l'attraction universelle, dans laquelle les astronomes ont une foi si entière, est due au puissant génie de Newton (1687). C'est à l'aide du principe de l'attraction qu'on est arrivé à connaître la masse et la densité du soleil et des planètes. Tous les corps qui tournent autour du soleil sont, comme lui, doués de la puissance de l'attraction. C'est sur l'attraction qu'est fondée la mécanique céleste. — Dans l'ordre moral, c'est cette mystérieuse puissance nommée *attraction* qui entraîna Sapho dans le gouffre de Leucade.

AUTOMATES. Le premier automate connu est un *pigeon volant* (en bois) : ce fut Archytas de Tarente qui l'inventa l'an 408 avant notre ère. Viennent ensuite la *tête d'airain parlante* de l'évêque de Ratisbonne, Albert-le-Grand ; le *joueur d'échecs* du conseiller autrichien Kempelen ; le *canard*, le *joueur de flûte* de Vaucanson, et, de nos jours, tous ces automates enfin dont la perfection semble n'être plus qu'un jeu de la mécanique moderne. (Voir de curieux détails au mot *Automates*, dans notre Dictionnaire des *Merveilles de la nature et des Arts*. — *Bibliothèque pour tout le monde*.)

B

BAGUES. Leur usage remonte aux Chaldéens, aux Égyptiens et aux Hébreux. Les chevaliers romains en portaient une : de là les *chevalières*.

BAINS. Ils sont d'origine orientale. — On se baignait à Rome avant les repas : les esclaves préparaient le bain pour les convives invités. Sous le pape Adrien 1er on menait aux bains tous les jeudis le collège des clercs, et les prisonniers tous les dimanches sous l'empereur Honorius. Il n'en fut établi à Paris qu'au dix-huitième siècle. Le premier qu'on ait vu est celui de Poitevin, construit sur le quai d'Orsai. — C'est dans un bain que périt suffoquée la femme du grand Constantin, Fausta, convaincue d'avoir accusé faussement son beau-fils, Crispus, que son père inflexible avait fait périr. — C'est dans un bain que périt Marat, le 13 juillet 1793, poignardé par Charlotte Corday.

BAIONNETTES. Inventées à Bayonne en 1670, mises successivement en usage et au bout du fusil sous le règne de Louis XIV, et devenues depuis une arme si redoutable entre les mains des soldats de la France.

BALANCE. Perfectionnée au milieu du dix-huitième siècle par l'opticien Ramsden. Mais l'origine en est fort ancienne. — Quant à la *balance hydrostatique*, les uns en attribuent l'invention à Kook, les autres à Galilée lui-même.

BALANCIER. Inventé pour la frappe des monnaies par Nicolas Briot, tailleur général des monnaies sous Louis XIII.

BALLONS. (V. *Aérostats*.).

BALS. Les bals masqués remontent aux Romains : témoin

les Saturnales. Ceux de Louis XIV sont encore renommés pour leur magnificence. Les bals publics n'ont été institués et permis en France qu'en 1715. — Un bal masqué, dans lequel le malheureux Charles VI, déguisé en sauvage, faillit être brûlé tout vif, fut l'origine et la cause première de cette démence royale, plus fatale encore à la France qu'au roi lui-même.

BANNIÈRES. L'usage des bannières dans nos églises nous est venu du célèbre concile de Constance : une de ses processions inaugura la première bannière avec la représentation de saint Roch. — On désignait aussi autrefois sous le nom général de *bannières* les drapeaux et les étendards de guerre. De toutes celles de France, la plus ancienne et la plus célèbre est l'oriflamme, ou flamme d'or, que les rois allaient prendre à l'abbaye de Saint-Denis au moment des grandes expéditions guerrières ; mais d'autres ont depuis ce temps recélé dans leurs plis des victoires encore plus éclatantes.

BANQUES. La première banque fut établie à Venise en 1157. — Celle de France le fut en 1716 par le désastreux spéculateur Law ; mais tombée bientôt avec son propre inventeur, écrasée sous le système funeste auquel il donna son nom, elle ne put se relever qu'en 1800.

BAROMÈTRE. Torricelli, disciple de Galilée, en fut l'inventeur en 1643 ; Pascal et Huyghens le perfectionnèrent depuis ; et, de nos jours, Fortin et Gay-Lussac ont encore ajouté à ces perfectionnements.

BAS. L'invention du métier à faire les bas, que les Anglais revendiquent par suite de la monomanie d'usurpation qui les caractérise, est positivement acquise à la France : c'est un Français qui, par suite aussi de l'indifférence qui nous a toujours caractérisés nous mêmes, n'ayant pu obtenir de privilége dans sa patrie, en dota l'Angleterre ; c'est un Français encore, Jean Hindrel, qui le restitua à la France, et, en 1656, la première manufacture de bas fut établie près de Paris, au château de Madrid, dans le bois de Boulogne.—Les premiers bas de soie tricotés furent portés par Henri II en 1559 ; et ce ne fut qu'en 1564 que des bas de soie, tricotés à l'aiguille, furent fabriqués en Angleterre par William Rider.—Sous Colbert, la France avait déjà la prééminence sur l'Angleterre pour cette fabrication et pour tant d'autres !

BELLADONE. (ou belle-dame). Un si joli nom, donné à un poison si redoutable, lui est venu de l'usage qu'en faisaient les dames italiennes, qui en composaient le fard dont elles s'enlaidissaient.

BETTERAVE. Apportée d'Italie en France vers la fin du seizième siècle, selon Olivier de Serres. Les études qu'il fit lui-même sur le sucre de betteraves datent de 1605. (V. *Sucre*.)

BEURRE. Les Romains s'en servaient pour remèdes et les Espagnols comme topique. — Il remplaça l'huile dans les lampes des églises des premiers siècles. — Wan Baerle l'halluciné, croyant son corps changé en beurre, fuyait la chaleur, dans la crainte de tomber en liquéfaction ; et il finit par se jeter dans un puits, dans le but de se conserver plus frais.

BIBLIOTHÈQUES. Leur création remonterait aux Hébreux.— La fondation de la première bibliothèque est attribuée au roi d'Égypte Osymandias. Celle d'Alexandrie eut pour fondateur Ptolémée-Philadelphe, et pour incendiaire Omar, gendre de Mahomet. — Aristote légua la sienne à son disciple Théophraste.— Les immenses bibliothèques des Chinois sont appelées par eux-mêmes une *mer de livres*. — Celle du Vatican à Rome remonte à l'année 1449 et fut composée par le pape Nicolas V. — La Bibliothèque royale de Paris, fondée par Jean II (*le Bon*) dans une des tours du vieux Louvre, ne contint d'abord que vingt volumes ; elle ne commença à compter en réalité que sous son fils et successeur Charles V (*le Sage*), qui éleva le nombre des volumes à 900. — Celles de la Sainte-Chapelle et de la Sorbonne répondent au nom de saint Louis. — Une des plus célèbres fut la bibliothèque de Patru : un trait sublime de Boileau l'a rendue plus célèbre encore. Patru allait être forcé de la vendre au rabais : Boileau en est instruit, il accourt, il surenchérit d'un tiers, l'achète, mais à la condition expresse qu'il n'en aura que la survivance et que Patru la gardera et en jouira toute sa vie. — Van-Praet et Charles Nodier furent les plus savants et les plus aimés des bibliothécaires modernes.

BIÈRE, (*Cervoise*, *Zythum* et *Carmi* des Anciens). De l'Égypte l'usage s'en répandit en Espagne, puis en France, et enfin dans les pays du nord, où elle se fixa. (V. *Brasserie* et *Levure*.) — Mungo-Park rapporte que dans l'intérieur de l'Afrique on brassait une excellente bière. — Georges III, roi d'Angleterre, allait bourgeoisement boire de la bière dans des pots d'étain chez les fermiers du voisinage.

BILBOQUETS. Le premier bilboquet parut à la cour nonchalante et futile de Henri III.

BISTOURI. Cet instrument de chirurgie tire son nom de celui de la ville de *Pistori*, où il s'en fabriquait d'une trempe excellente. Il est une espèce de bistouri particulier qui a retenu le nom de *Bistouri royal*, parce qu'il fut essayé sur Louis XIV pour une fistule à l'anus.

BOMBES. Inventées, dit-on, à la fin du treizième siècle, par Pandolphe Malatesta, et au seizième, par un habitant de Venloo ; perfectionnées par le comte de Mansfeld, et par l'ingénieur anglais Mathus (au service de Louis XIII) pour le siége de Gravelines en 1658 ; mais on en avait déjà lancé à celui de Mézières en 1521. — Le système des Bombes à la *Paixhans* est le plus renommé de nos jours ; on s'en est servi en 1849, au siége de l'héroïque Venise.

BONNETS. Les bonnets, chaperons et mortiers se portaient en France au quinzième siècle. A cette époque, Patrouillet y introduisit le bonnet carré, antérieurement en usage chez les ecclésiastiques anglais. — La faction des *Bonnets* en Suède (1738) voulait l'omnipotence royale, en opposition à celle des *Chapeaux*. — Sous Louis XIV, le débiteur insolvable n'obtenait sa liberté qu'à la condition rigoureuse de porter un *bonnet vert*. — Le 20 juin 1792, Louis XVI, aux Tuileries, se coiffa d'un bonnet rouge en présence du peuple muet de stupeur.

BOUÉE. La bouée de sauvetage a été inventée par Conseil, en 1838.

BOULETS. En Europe, on se servait encore de boulets de pierre en 1574 ; cependant le roi d'Angleterre Edouard IV en avait fait fabriquer aussi en fer et en plomb dès 1481. Quant aux boulets rouges, les Français s'en servirent à Cherbourg contre les Anglais en 1418, et l'électeur de Brandebourg contre la ville de Stralsund en 1675. — En 1792, on proposa de fondre un canon de la dimension de la tête de Louis XVI, afin qu'au premier pas des Prussiens sur le sol français on leur envoyât cette tête royale au lieu de boulet.

BOUSSOLE. Imaginée en 1302, d'autres disent perfectionnée, ainsi que le compas de marine, par le Napolitain Flavio Gioïa. — Le poëte Guyot de Provins faisait mention, dès l'année 1200, d'une sorte de boussole nommée *Marinette*. (*V. Aimant.*)

BRACELETS. Les bracelets, les pendants d'oreilles et les colliers ne devinrent d'un usage général chez les dames françaises que sous le règne de Charles VII.

BRASSERIE (autrefois *Cervoiserie*). Cette profession est une des plus anciennes qui, à Paris, aient été érigées en corps de jurande ; en 1268, Boileau, prévôt de Paris, signa les premiers statuts des cervoisiers ou brasseurs (*V. Bière*). — Ce fut le fameux brasseur Jacques Artewelde qui dirigea, en 1332, la révolte des Flamands en faveur d'Édouard III, roi d'Angleterre. — Olivier Cromwell avait été brasseur.

BRÉSIL. Découvert en 1500 (22 avril), par Pedro Alvarez Cabral.

C

CABARETS. Les popes ou victimaires, à Rome, débitaient la viande des victimes immolées sur les autels des dieux, et vendaient également du vin aux consommateurs : d'où est venu aux cabarets de Rome le nom de *popinæ*. — C'est en Bretagne que pour la première fois le nom de cabaret a été donné aux tavernes de marchands de vins en détail : Bautru les appelait des *lieux où la folie se vendait en bouteilles*. Sous Louis XIV, avant l'établissement des cafés en France, il était de bon ton (de grand ton du moins) de se réunir au cabaret; et l'on a vu, autour d'une table ronde en pierre, Racine, Boileau, La Fontaine et Molière y trinquer fort souvent ensemble.

CACAO. Le nom mexicain du cacao est *cacaoquahuitl.* C'est Linné qui lui a donné l'épithète de *theobroma*, composée de deux mots grecs qui signifient *mets des dieux.* (V. *Chocolat.*)

CACHEMIRES. Introduction en France des chèvres du Thibet, par Ternaux, en 1819, et création par lui des véritables étoffes dites de Cachemire.

CACHET. L'origine des cachets remonte à l'Égypte, où l'on coupait les deux mains au contrefacteur du cachet ou sceau du roi.

CADASTRE. Établissement légal du cadastre en Angleterre, en 1056, par Guillaume-le-Conquérant; il avait été commencé par Rollon, en l'année 900.

CADENAS. Les premiers furent fabriqués à Nuremberg, par Hermann, en 1540.

CADRANS (solaires). Comme il est d'usage de faire remonter aux Chaldéens tout ce qui est relatif aux connaissances astronomiques, on leur donne la préséance sur les autres peuples pour l'invention des cadrans solaires : on en a donc fait honneur au Chaldéen Berosus, qui l'aurait apportée en Grèce vers l'année 640 avant Jésus-Christ. Les Grecs, de leur côté, revendiquent cette invention pour le compte d'Anaximandre, philosophe de l'école ionienne. —Le premier qu'on ait vu à Rome y fut apporté par Valérius Messala, après la prise de Catane. — Les livres saints nous ont parlé du cadran miraculeux d'Ézéchias, sur lequel l'ombre retourna en arrière de dix degrés en signe de quinze années de vie que le Seigneur lui accorda, à son humble prière, au moment même où le prophète venait de lui dire : *Tu vas mourir.* (*Rois*, liv. IV, chap. xx, v. 1, 6, 11.)

CAFÉ. Ses propriétés excitantes furent, dit-on, reconnues dans le pays même qui le produit, en Arabie, par un prieur de monastère, qui, ayant remarqué l'effet qu'il produisait sur des chèvres qui en avaient mangé, eut l'idée d'empêcher par ce moyen les moines de s'endormir à matines. Il est originaire de l'Yemen (Arabie Heureuse). Dans les environs de Moka, les cafiers ont jusqu'à 40 pieds de hauteur. — En 1656, Jean Thévenot l'introduisit en France, et ce sont deux pieds de cafiers, exportés du Jardin-des-Plantes de Paris aux Antilles, qui sont devenus la souche des immenses plantations qui couvrent aujourd'hui l'Amérique. En 1669, l'ambassadeur ottoman le mit à la mode à Paris : les Turcs en buvaient déjà depuis 1553 ; mais le premier café public qu'on ait vu à Paris est celui de la foire Saint-Germain, non loin de la rue de Bussi : il donna naissance au café que Grégoire et Procope établirent en face de la Comédie-Française, rue des Fossés-Saint-Germain, et qui existe encore aujourd'hui sur le même emplacement, avec le nom du second de ses fondateurs. — Le Florentin Procope importa aussi la manière de faire des glaces. Quant à la limonade, elle était en usage dès 1630. — Le *café au lait* fut imaginé en 1690 par Mme de Sévigné.

CALCUL. Mot qui vient du latin *calculus* (petit caillou), parce que les Romains avaient l'habitude de faire avec de petits cailloux leurs opérations d'arithmétique. — *Calcul différentiel et intégral* ou *calcul infinitésimal*, inventé par Leibnitz en 1680. — L'art du calcul par les fractions décimales est dû à un célèbre astronome du quinzième siècle, à Régiomontanus.

CALENDRIER. César en fut le premier réformateur. Invention de la période julienne par Scaliger, en 1558. — Réforme du calendrier (calendrier grégorien) par Grégoire XIII, en 1582. — En 1564, Charles IX avait fixé, par l'édit de Roussillon, le commencement de l'année au 1er janvier : précédemment elle commençait à Pâques. — Le calendrier républicain fut établi le 9 octobre 1793 ; l'astronome Lalande en fournit le cadre, le conventionnel Romme le remplit, et les noms des mois furent imaginés par Fabre d'Églantine. Il fut aboli en 1805, après 13 ans 2 mois et 24 jours de durée.

CALORIQUE. Théorie du calorique combiné, par Lavoisier et Laplace, en 1783.

CAMPHRE. Les Hollandais en ont eu longtemps la fabrication exclusive. Les environs de Paris rivalisent aujourd'hui avec la Hollande. L'extension immense qu'il a reçue dans ces derniers temps est due à un homme célèbre à des titres divers, au chimiste Raspail.

CANADA. Découvert en 1534-40, par le Français J. Cartier.

CANNES. Au dixième et au onzième siècle, les grandes dames portaient de petites cannes surmontées d'un oiseau. — Une canne non moins fameuse que celle du grand Frédéric, est celle de Franklin, qu'il donna par son testament à son ami Washington : elle était en pommier sauvage, surmontée d'une pomme d'or curieusement travaillée en bonnet de liberté.

CANONISATION. Elle eut lieu d'abord par la voix du clergé et du peuple, puis elle fut réservée exclusivement aux souverains pontifes, après enquête. On la doit au pape Jean XV, vers 987. — *Ulrich* fut le premier saint canonisé.

CANONS. Les premiers canons figurent à la bataille de Créci, en 1346, sous le nom de *bombardes :* ce n'est qu'à leur intervention terrible et tout imprévue que les Anglais durent la victoire. Les premiers canons en bronze furent fondus en Angleterre, en 1635. — Celui de la Bastille fut tiré sur les troupes du roi, en 1649, par la fille du duc d'Orléans (Mlle de Montpensier).

CAOUTCHOUC. Extrait de plusieurs arbres de l'Amérique méridionale et des Indes Occidentales, il a été importé de Cayenne en France au commencement du dix-huitième siècle, par Fresnau, qui le découvrit.

CAP. Le cap de *Bonne - Espérance* fut ainsi appelé par Jean II, roi de Portugal, ou cap des *Tempêtes*, comme l'avait d'abord désigné l'illustre navigateur qui le découvrit, Barthélemi Diaz : il parvint, en 1787, à ce grand cap ignoré, dit M. Ferdinand Denis, où Camoens devait placer son génie des tempêtes. En apprenant cette découverte, un des marins de l'expédition, qui n'avait pu aller jusque là, expira d'un saisissement de joie. En 1498, le grand Vasco de Gama doubla le cap de Bonne-Espérance, fit le tour de l'Afrique et pénétra aux Indes Orientales.

CAPSULES. La première idée des capsules médicamenteuses est due au docteur Heurteloup, qui enveloppa du baume de copahu liquide dans des capsules de baudruche faites avec des intestins de petits animaux : les pharmaciens imitèrent depuis ce procédé, et toute substance médicamenteuse amère et de goût désagréable s'administre aujourd'hui facilement par ce moyen. — Les *capsules fulminantes* des fusils à piston sont composées d'un fulminate de mercure et de salpêtre.

CARDAGE. L'origine de cette industrie est très-ancienne. Les statuts des cardeurs, aussi vieux que ceux des drapiers, furent confirmés par lettres patentes de Louis XI, du 24 juin 1467, confirmées à nouveau par lettres de Louis XIV, de septembre 1688. Les petites villes de province se servent encore des anciennes cardes à main et de droussettes ou cardes à banc ; mais dans les villes importantes d'Europe, l'opération du cardage se fait en grand, au moyen des nouvelles machines à carder.

CARREAUX (de vitre). (V. *Vitres.*)

CARROSSES. Leur introduction en France a eu lieu au commencement du quinzième siècle. Sous François Ier il n'y en avait que *trois* à Paris : l'un appartenant au roi, l'autre à Diane de Poitiers, sa maîtresse, et le troisième à un gentilhomme, René de Laval, qui devait ce privilége à sa grosseur monstrueuse et à l'avantage de ne pouvoir se tenir du tout à cheval.—Dans le commencement de la monarchie les rois étaient traînés dans la basterne, char attelé de bœufs : et le cheval était d'usage général pour les seigneurs et les grandes dames. — Nous avons pris aux Italiens les glaces des carrosses, et le premier qui en eut en France fut celui de Bassompierre : elles remplacèrent avantageusement les portières de cuir ou les rideaux flottants, qui favorisèrent Ravaillac dans la perpétration de son attentat. — Les carrosses *suspendus* sont de l'invention de Philippe Chaize, architecte de l'électeur de Brandebourg, Frédéric-Guillaume. — Les premiers carrosses que l'on ait vus à Vienne datent de 1615, ceux de Londres de 1580. — Les *carrosses de remise* furent établis à Paris en 1650, et les *fiacres* en 1657. (V. *Fiacres.*) — Les chaises de poste sont de l'année 1664, et de l'invention de La Crugère. (V. *Voitures.*)

CARTES (à jouer). Inventées bien avant la folie de Charles VI, quoi qu'on en ait dit : elles étaient déjà connues sous Charles V : il y en avait en Espagne dès 1330 ; mais lorsque le roi tomba en démence, Jacquemin Gringonneur (1392) en imagina de particulières à la France. En les supposant inventées à la fin du quatorzième siècle, elles ne pouvaient toutefois être que dessinées ou peintes, puisque la gravure sur bois n'est guère antérieure à 1423, et la gravure sur métal (cuivre) ne fut imaginée par Finiguerra qu'en 1452. — Premières cartes *géographiques*, gravées sur bois, en 1482, pour l'ouvrage de Ptolémée. — Les grandes cartes de *France* furent levées par Cassini, en 1757, par ordre de Louis XV. — Chaque carte à jouer subit aujourd'hui jusqu'à 70 opérations différentes : il a donc fallu, pour arriver à un résultat lucratif, partager toutes ces opérations en diverses séries d'ouvriers ; et tandis qu'un seul homme, eu égard à un si grand nombre d'opérations, parviendrait à peine à confectionner deux cartes en un jour, on arrive journellement, au moyen de ce partage, à un résultat de 15,500 cartes, œuvre de *trente* ouvriers : c'est ce qu'on appelle la *division* du travail, dans cette industrie comme dans les autres, division qui, bien entendue, produit des miracles le plus simplement du monde.

CARTOUCHES (à balles), inventées en 1690.

CASERNES. Construites par Louvois, ministre de la guerre sous Louis XIV, pour les garnisons, qui n'en avaient pas avant lui.

CATARACTE. La connaissance du véritable siége de la cataracte, ignoré des Anciens (qui l'attribuaient à un épanchement de liquide devenu opaque), est due aux anatomistes et aux chirurgiens français modernes, qui le placent dans le cristallin ou ses annexes.

CERISIER. Lucullus, après sa victoire sur Mithridate, l'apporta, dit-on généralement, de Cérasonte (Kerezoum), ville du royaume de Pont, à Rome, où il aurait figuré sur le char de triomphe du vainqueur. — C'est avec le fruit du cerisier que l'on fait le *marasquin*, et c'est en distillant du vin de cerises écrasées et fermentées avec leur noyau que l'on obtient le kirschenwaser.

CHAINES (de montres). Nos premières chaînes de montres nous furent envoyées de Londres, où s'était fixé le Génevois Gruet, leur inventeur. Avant lui, on se servait dans l'horlógerie de cordes à boyaux.

CHANVRE. Introduit en France on ignore par qui : il était fort rare encore sous Henri II, et l'on citait comme des objets de luxe les *deux chemises* de toile de chanvre de la reine Catherine de Médicis. — Le rouissage du chanvre, d'où s'échappent des émanations putrides, donne lieu à diverses maladies, entre autres, à la fièvre typhoïde.

CHAPEAUX. On a porté de tout temps des chapeaux : la forme seule a varié. D'abord ils furent blancs. Charles VII fit son entrée à Rouen avec le premier chapeau de castor qui ait paru en France, et il avait une forme à peu près semblable à celle des chapeaux de nos jours. Leur fabrication prit de l'extension sous Louis XI, mais elle se ralentit et fut abandonnée sous Louis XII, qui leur préféra de nouveau les toques. François Ier reprit les chapeaux de Charles VI et de Charles VII. Ses fils les délaissèrent de nouveau ; mais Henri IV, enfin, les ressuscita une fois dernière ; et le triomphe des chapeaux sur les toques fut définitivement assuré. — Parmi les chapeaux fameux, outre celui du *petit Caporal* et ceux que nous avons cités au mot *Bonnets*, il ne faut pas oublier celui dont se coiffait la nuit, pour peindre, le célèbre Girodet, et qu'il surmontait d'une ceinture de bougies allumées.

CHARRUE. Sa découverte est attribuée par les Chinois à leur second empereur ; et tous ceux qui lui ont succédé en ont fait sans interruption usage (noble exemple pour les peuples!) à la grande cérémonie annuelle du labourage impérial. — Celle *à levier* fut inventée par Grangé, en 1833.

CHEMINÉES. Inconnues des Grecs et des Romains ; répandues généralement au quatorzième siècle.

CHEMISES. Sous Charles V et Charles VI on se servait de chemises de serge : Isabeau de Bavière seule en avait de toile. Nous avons parlé des *deux chemises de chanvre* de Catherine de Médicis. — Henri IV, avant la bataille d'Ivry, demandait à son valet de chambre : « Combien ai-je de chemises? — Une *douzaine*, sire, encore y en a-t-il de déchirées. — Et de mouchoirs, n'est-ce pas *huit* que j'ai? — Il n'y en a pour cette heure que *cinq*. » — Les dames anglaises osent à peine en prononcer le nom, et elles rougissent!

CHIFFRES. Ce fut sous Henri III que l'on commença à se servir en France des chiffres arabes, inventés par Moramère en 550, introduits en Europe, en 999, par un médecin maure du nom de Gerbert ; et ce n'est qu'à la suite de son voyage à Paris que le czar Pierre-le-Grand les fit connaître en Russie. Ils étaient déjà connus dès le milieu du treizième siècle de l'Angleterre et de l'Italie, et dès le quatorzième de l'Allemagne. — César en avait inventé de particuliers pour garder les secrets de sa politique. — Ceux de Marat pour les têtes à abattre variaient ainsi : 600 ; 10,000 ; 20,000 ; et enfin, il précise singulièrement : 270,000 têtes.

CHIMIE. L'école moderne de la chimie, ou chimie *pneumatique*, fut fondée, vers 1780, par Priestley, Fourcroy, Scheele et Lavoisier, à la suite de la découverte de l'oxygène, en 1774, par le premier de ces hommes illustres. — Les découvertes en chimie ont exposé de tout temps leurs auteurs à de graves dangers d'empoisonnement, de mutilation, de mort foudroyante, depuis Paracelse jusqu'à Laugier, Vauquelin, Barruel et Thénard. — Chimie appliquée aux arts par Chaptal, en 1816. — L'infortuné Lavoisier a été appelé récemment le *Newton de la chimie.*

CHLORE. Trouvé par Scheele en 1774, ainsi que ses précieuses propriétés de blanchir les toiles, les estampes, d'enlever les taches d'encre, de désinfecter l'air, et de ranimer souvent les asphyxiés, découvertes dont Berthollet partage l'honneur avec lui.

CHLOROFORME. Découvert il y a peu d'années, par M. Soubeiran, mais appliqué récemment à l'allégement des souffrances humaines par le docteur Simpson. il est venu déposséder l'éther, qui, comme lui, à la propriété de déterminer le sommeil avec absence de sensibilité (éthérisme ou anesthésie), mais avec plus d'inconvénients et de danger dans les opérations chirurgicales.— La reine d'Angleterre, Victoria Ire, doit maintenant au chloroforme de franchir sans douleur pour sa fécondité l'épreuve de chaque nouvel enfantement. (V. *Éthérisation.*)

CHOCOLAT. La connaissance du cacao, dont se compose le chocolat, a été communiquée par les Indiens aux Espagnols et aux Portugais. Le premier cacaoyer fut planté à la Martinique, vers 1660; on se décida plus tard à en cultiver l'amande. Du Mexique, les Espagnols l'importèrent en Europe, ainsi que l'usage du chocolat, vers 1520 ; mais ce n'est qu'en 1653 que le cardinal-archevêque de Lyon, Alphonse de Richelieu, l'introduisit en France. (V. *Cacao.*)

CHRONOMÈTRES (ou *Garde-Temps*), parce qu'ils conservent toujours l'heure du lieu où on les a réglés. Leurs perfectionnements sont tout modernes. — Un bon chronomètre est un des chefs-d'œuvre de l'industrie humaine. (V. ce mot dans notre petit Dictionnaire des *Merveilles de l'Art et de la Nature,* qui fait aussi partie de la *Bibliothèque pour tout le monde.*)— Le *garde-temps* proprement dit, destiné à fixer la longitude en mer, est de l'invention du mécanicien anglais Harrisson.

CIRCULATION (de la sève, du sang).— (V. *Sang* et *Sève.*)

CIRCUMNAVIGATION. Le premier de ces grands voyages autour du monde qui amenèrent de si importantes découvertes fut audacieusement entrepris par Magellan, navigateur aussi intrépide que Colomb et Gama; il s'avança vers les terres Australes, en 1519, découvrit le détroit qui porte son nom, ainsi que les Philippines et les Mariannes ; c'est dans ces dernières îles qu'il fut tué par les insulaires. — Le petit bâtiment sur lequel Drake, après lui, enterprit son voyage autour du monde, devint en Angleterre l'objet d'un culte national. L'amiral Anson part à son tour, et l'on disait de lui « qu'il avait fait le tour du monde et qu'il n'y était jamais entré ». — Notre Bougainville fit aussi le tour du monde et découvrit l'île de Taïti. — Le dernier voyage de circumnavigation fut entrepris en 1837 par l'infortuné Dumont-d'Urville.

CLARINETTE. Inventée en 1690 par Denner, perfectionnée par Muller. Gluck est le premier qui ait introduit cet instrument dans la musique dramatique.

CLAVECIN. Inventé en Italie au quinzième siècle, et avantageusement remplacé par le piano. (V. *Piano.*)

CLOCHES. Elles furent connues de toute antiquité des peuples primitifs. Les uns attribuent leur introduction dans les églises à saint Paulin, évêque de Nôle au cinquième siècle ; les autres au pape Sabinien, dans le septième ; d'autres, enfin, en placent l'usage en France au sixième siècle (550). Auparavant, on appelait les fidèles à l'office en frappant sur des planches de rue en rue. — Elles furent baptisées vers la fin du huitième siècle, un peu avant Charlemagne. — Les hallucinations du Tasse lui firent entendre longtemps un bruit d'horloges et de cloches. — Parmi les cloches fatalement célèbres, on distingue celle au son de laquelle furent égorgés à Palerme 8,000 Français (*Vêpres siciliennes*), et la cloche d'argent du Palais de Justice, qui, dans la terrible nuit de la Saint-Barthélemi, donna le signal du massacre. — Constantinople n'a pas de cloches.

COCARDES. Elles nous viennent des Croates, en imitation des plumes de coq que ces milices mercenaires portaient à leur coiffure, et dont les couleurs se sont reproduites sur la cocarde (V. *Cravates*). — Énorme cocarde tricolore que Louis XVI mit à son chapeau, à la fameuse séance de l'Hôtel-de-Ville de Paris.

COCHENILLE. La cochenille, qui a détrôné la pourpre, est un petit insecte que l'on a découvert au Mexique sur l'espèce de cactus appelé *papals*. — Pour obtenir un kilogramme de matière tinctoriale, il ne faut pas moins de 140,000 de ces insectes ; et on évalue à environ 56 milliards le nombre que l'Europe et la teinturerie européenne en immolent annuellement. (V. *Pourpre*.)

CONTREDANSE. Elle date en France du dix-septième siècle. — La contredanse anglaise est exécutée par vingt ou trente danseurs (nombre illimité), les cavaliers rangés tous du même côté en face des dames. Hogarth en a laissé un tableau tout à fait grotesque.

CORBILLARD. C'est de l'ancien coche d'eau de Paris à *Corbeil* qu'est venu le nom de *Corbillard*.

CORSETS. L'usage en fut apporté en France par Catherine de Médicis en 1533.

COSMÉTIQUES. Ce mot vient de *Cosmus*, fameux parfumeur romain, du temps de l'épigrammatiste Martial ; mais c'est aux Egyptiens et aux Asiatiques que les Romains empruntèrent l'art *de faire son visage*, comme a dit avec tant d'esprit notre épigrammatiste Lebrun :

> Chloé, belle et poëte, a deux petits travers :
> Elle fait son visage, et ne fait pas ses vers.

COTON. C'est en Angleterre que fut inventée en 1747 la fabrication du velours de coton. — Premiers essais de la filature du coton à la mécanique par le tisserand Hargrave, perfectionnés en 1769 et 1775 par un barbier de Manchester. — Les machines à filer le coton parurent en France en 1792. — Un enfant travaillant à une filature fait aujourd'hui l'ouvrage de mille fileurs par l'ancien système, dit *à la quenouille*.

CRAVATES, Nous ne nous sommes pas contentés de prendre aux *Croates* leurs cocardes, nous leur avons pris aussi leurs *cravates* en 1636, époque de la guerre entre la France et l'Allemagne.

CRÈCHES. La création récente des crèches est due à un honnête magistrat de Paris, M. Marbeau.

CRISTAUX. L'art de les tailler nous est venu de Bohême. Un nommé Bucher l'importa en France à la Verrerie de Saint-Quirin. Mais la découverte de l'*acide fluorique*, par Scheele, en 1771, perfectionnée par Gay-Lussac et Thénard, a donné le moyen de les graver et de les tailler avec une promptitude incomparable.

CROSSE. La crosse des évêques date du onzième siècle : le christianisme l'a empruntée aux augures du paganisme. (V. *Domino.*)

CUILLERS. (V. *Fourchettes.*)

CYMBALES. Autrefois les armées anglaises étaient précédées par un tambour-major qui, debout dans une voiture traînée par six chevaux, battait la charge sur des cymbales. — La dernière voiture du tambour-maître du temps de Marlborough se voyait encore à l'arsenal de la Tour de Londres avant le dernier incendie.

D

DAGUERRÉOTYPE (*Photographie*), qui signifie écriture ou gravure par la lumière), inventé par Daguerre en 1838.

DEMI-LUNE. Inventée par les Hollandais, et perfectionnée par Vauban, vers 1688.

DÉSINFECTION (*de l'air*). L'humanité est redevable de cette admirable découverte à Guyton de Morvau, qui, en 1773, trouva le moyen de désinfecter l'air à l'aide des fumigations acides. — Les propriétés désinfectantes du chlorure ont été découvertes par Labarraque en 1822.

DIAMANT. Le premier diamant taillé le fut par Louis de Berquem, à qui le frottement accidentel de deux diamants l'un contre l'autre révéla cet art, qu'il mit en pratique vers 1476, au moyen d'une roue et de la poudre de diamant. — L'art de graver sur le diamant fut depuis inventé par Claude Briagues. — La vogue des diamants en Europe date de la mort de Marie-Thérèse d'Autriche ; elle remplaça celle des perles. — L'usage en fut singulièrement ennobli par deux grands noms : on ne peut citer sans admiration ceux que la princesse Christine de France avait donnés successivement à saint François de Sales, qu'il engageait toujours pour les pauvres, et qui étaient, disait-on, moins à lui qu'à tous les gueux d'Anneci.—Ceux de la couronne de France étaient, avant la Révolution de 1848, et sont encore évalués à 21 millions approximatifs.

DIORAMA. Inventé, établi et montré en spectacle à Paris, de nos jours, par Bouton et Daguerre. La première exhibition de ce genre est du 11 juillet 1822.

DISSECTION. La dissection était encore, au seizième siècle, considérée comme un sacrilége qu'un voyage en Terre-Sainte pouvait seul expier ; et ce n'est qu'au prix des plus grands dangers et emporté par l'amour de la science que l'illustre Vésale s'enfermait la nuit dans le charnier des Innocents pour y disséquer frauduleusement les cadavres. — Ce n'est qu'au dix-huitième siècle qu'on s'occupa sérieusement des études anatomiques, et que des lieux furent consacrés à l'exercice de cette science (V. *Anatomie*). — Maupertuis voulait disséquer des Patagons pour connaître la nature de l'âme. — Le marquis de Sades courait les rues, le soir, cherchant des femmes à disséquer.

DISTILLATION. On pense que cet art a dû naître chez les Arabes, si habiles à extraire l'arôme des plantes, et dont les procédés se sont répandus en Europe ; mais il n'a été porté à la perfection qu'au commencement de ce siècle. — Il en est fait mention deux ou trois siècles avant J.-C. : c'est d'Italie qu'il est passé en France vers 1514, sous Louis XII, qui établit la communauté des vinaigriers et distillateurs en eau-de-vie et esprit-de-vin. — Celle du bois a été imaginée vers 1785 par l'ingénieur français Lebon. — Celle des eaux de mer est due au Napolitain Porta, qui, le premier, obtint deux litres d'eau douce par la distillation de trois litres d'eau salée. — Les appareils de distillation ont été perfectionnés par les capitaines Keraudren, Freycinet et autres, de telle sorte que l'eau douce ne manque plus à bord des vaisseaux.

DOMINO. Si le sacré a emprunté la crosse au profane (V. *Crosse*), le profane, à son tour, a emprunté le domino au camail que portent les prêtres à l'office pendant l'hiver, et qui s'appela d'abord *domino*.

DORURE. Née en Grèce, connue à Rome en 571, ce n'est qu'au dix-huitième siècle qu'on appliqua directement le mat et le bruni sur le bois et le plâtre sans blanc d'apprêt (V. *Galva-*

noplastic).— Elle donne lieu à de terribles maladies, telles que le *tremblement mercuriel*, la *danse de Saint-Gui*, là *cachexie*, etc.

DOUCHES. Leur invention ne remonte pas, assure-t-on, à une époque bien éloignée. Cependant dans l'ancien palais de l'inquisition à Séville, on appelait *Distilador* une véritable douche que l'on administrait au condamné, sur le crâne, après le lui avoir complétement rasé, et on la continuait jusqu'à ce que mort s'ensuivît.

DRAPS. Les fabriques de draps ont pris de la consistance sous Colbert en 1667, et sont devenues, dès cette époque, supérieures à celles de Flandre, de Hollande et d'Angleterre. — En 1812, les Anglais Douglas et Cockerill importèrent en France les premières machines à carder et à filer la laine.

E

ÉCARLATE. Découverte due, ainsi que la pourpre, d'abord aux Tyriens, puis au Hollandais Corneille Drebbel, en 1572; selon les autres, ce fut un teinturier du faubourg Saint-Marcel à Paris, Jean Gobelin, qui teignit le premier les laines en écarlate, et c'est lui qui, grâce à la protection si éclairée et si puissante de Colbert, a donné son nom à la manufacture de tapisseries dite *des Gobelins*.

ÉCHAUDÉS. Invention revendiquée par le père de l'auteur dramatique Favart.

ÉCHECS. Attribués problématiquement, légendairement, fabuleusement, à Palamède. — Charlemagne aimait beaucoup ce jeu. — Le musée de Cluny possède un curieux échiquier en cristal, qui aurait appartenu à saint Louis.

ÉCLAIRAGE. L'éclairage public a subi les transformations successives des *vessies*, des *lanternes*, des *réverbères* et du *gaz*. — L'amélioration de l'éclairage en France est due au célèbre Argant, qui inventa, en 1785, les *lampes* qui ont conservé son nom. Carreau et Carcel les ont depuis perfectionnées partiellement, sans pouvoir remplacer le principe immuable sur lequel le maître les a solidement constituées. — Le gaz hydrogène carboné a été appliqué pour la première fois en France par l'ingénieur français Lebon, vers 1785; mais l'usage n'en fut adopté qu'en 1818. (V. *Gaz*.)

ÉCLECTISME. Introduit dans la philosophie par Leibnitz, qui chercha à concilier Platon, Aristote, Descartes et Locke.

ÉCLUSES. En 1481, furent charpentées les écluses à doubles

portes. Leur construction fut appliquée pour la première fois en France aux canaux de Briare et d'Orléans, qui joignent la Loire à la Seine.

ÉCRITURE. L'invention des lettres ou caractères alphabétiques est attribuée aux Assyriens, aux Egyptiens et aux Phéniciens. L'écriture grecque finit par devenir générale; mais l'alphabet romain prévalut bientôt, fut adopté et s'est maintenu dans les principales langues de l'Europe.

ÉGOUTS. Les premiers égouts construits à Paris le furent de 1370 à 1395, sous Charles V et Charles VI, par le prévôt Hugues Aubriot. — Ceux de Rome étaient d'une construction si grandiose qu'ils portaient bateaux, et que le préteur de la ville pouvait annuellement en faire la visite et les parcourir à la rame jusqu'à leur embouchure dans le Tibre.

ÉLECTRICITÉ. Découverte du développement de l'électricité par le contact des corps, due à Volta, qui publia son premier mémoire à ce sujet en 1792 à l'adresse de la Société royale de Londres. — *Électricité animale* (V. *Galvanisme*).

ÉMAIL. Le procédé des émaux appliqués sur les bijoux d'or fut trouvé en France : un orfévre de Châteaudun, Jean Toutin, se fit, au dix-septième siècle, une réputation pour ses bijoux émaillés. Son élève Gibelin perfectionna ce procédé ; Morlère et Dubié y ajoutèrent encore, et éveillèrent le goût des portraits en émail, qui furent dès-lors très-recherchés. (V. *Faïence.*)

EMBAUMEMENT. Pratique en usage dans l'antiquité, et notamment en Égypte, mais interrompue au temps de la Grèce et de Rome, qui brûlaient les corps et n'en conservaient que les cendres. — Ce qui prouverait que les Egyptiens, en embaumant les cadavres, agissaient moins par respect pour les morts que par mesure d'hygiène publique et par la crainte des pernicieux effets de la putréfaction dans cette contrée de haute température, c'est que ce ne sont pas seulement les hommes qu'ils momifiaient ainsi, mais encore tous leurs animaux, serpents, crocodiles, chats, qui dorment bel et bien embaumés à côté de leurs rois; et ce n'est que depuis l'abandon de cette salutaire coutume que se sont développés sur le sol africain, pour le malheur du monde, toutes les pestes et tous les choléras qui s'y promènent aujourd'hui victorieusement. M. Gannal, chimiste habile, a découvert en 1829 un procédé d'embaumement qui, entre autres avantages, a surtout celui de respecter les cadavres.

ÉMÉTIQUE. Son premier emploi en France avec celui du quinquina date de 1650 ; mais on le découvrit en 1631. Il fut administré hardiment pour la première fois et avec succès à

Louis XIV lui-même par un médecin d'Abbeville, contre l'avis du premier médecin du roi. L'on ne peut donc pas dire de ce remède comme de tant d'autres qu'il fut *expérimenté sur personne vile* (*experimentum in anima vili*).

ENCRE. Celle d'imprimerie a été revendiquée comme de leur invention par les Hollandais, qui en ont fait honneur à Laurent Coster.

ÉPINGLES. Connues en France dès le quinzième siècle, mises en usage au siècle suivant. Ce fut au seizième siècle que l'usage en fut introduit en Angleterre par l'une des malheureuses femmes de ce Barbe-Bleue couronné, qui est resté flétri dans l'histoire sous le nom de Henri VIII. — Quatorze ouvriers concourent aujourd'hui à la fabrication d'une seule épingle, et ils en perfectionnent chaque jour cent milliers. — Douze milliers d'épingles coûtent 4 fr., prix de fabrique : chaque épingle vaut donc tout au plus quatre dix-millièmes de centime.

ESCADRONS. Cette division des corps de cavalerie est l'œuvre de Charles-Quint.

ÉTHÉRISATION. Les *inspirations éthérées* sont une des plus admirables découvertes que notre siècle ait enfantées, parce que c'est une des plus utiles à l'humanité. Toute la gloire en revient à M. Jackson, chimiste célèbre de Boston, qui mit plus tard le docteur Simpson, de Londres, sur la trace du *Chloroforme*, employé maintenant pour l'éthérisation à la place de l'éther lui-même. (V. *Chloroforme.*)

ÉTRIERS. Un livre sur l'art de la guerre, attribué à l'empereur Maurice, en parle dès l'année 570. — A Paris, il s'en vendait à ressort en 1763 ; ils se détachaient au moment de la chute du cavalier.

ÉVENTAILS. On se servit en Europe d'*éventoirs* de plumes de paon jusqu'au dix-huitième siècle ; c'est de cette époque que date l'appellation d'*éventails.* — C'est à un coup d'*éventail* que nous devons notre possession de l'Algérie.

F

FAIENCE. Ce mot a une double origine : *Faenza* (Italie), et *Faïence*, bourg ou village du département du Var, où pour la première fois on en fabriqua ; en Italie, ce fut à la fin du treizième siècle. — Nevers, en réalité, est la première ville de France où l'on ait établi les premières manufactures de faïence. — Mais Bernard Palissy, au quinzième siècle, par l'invention de son émail, après de si constantes recherches, est le véritable créateur de la *faïence* française. (V. notre Dictionnaire des Merveilles des Arts et de la Nature, au mot *Arts*.)

FER-BLANC. Fabriqué d'abord en Bohême, puis en Saxe, au commencement du dix-septième siècle, perfectionné ensuite par les Anglais : ce fut encore Colbert, que l'on retrouve toujours lorsqu'il s'agit de l'avantage, de l'honneur et de la gloire de son pays, qui en introduisit la première manufacture en France ; mais la première qui mérite ce nom date de 1718.

FERREMENT. On ne connaît pas d'origine antérieure à celle du règne de l'empereur Sévère, vers 194, pour le ferrement des chevaux. Le cheval qui eut, en France, l'agrément de porter les premiers fers, est celui du roi Childéric, en 481 ; et en 1045 , Guillaume-le-Conquérant en transporta l'usage en Angleterre.

FEU (*grégeois*), d'invention ou d'usage grec, comme l'indique son nom. Callinique le trouva vers 672, et il servit à brûler sur l'Hellespont la flotte des Sarrasins. L'eau en augmentait l'énergie, l'huile seule pouvait l'éteindre. A l'époque des croisades, les Sarrasins à leur tour l'employèrent avec un terrible avantage contre l'aventureuse armée de Louis IX, puis le secret en fut perdu jusqu'à Louis XV ; retrouvé alors par Dupré, le roi, dit-on, le lui paya, non pour le répandre, mais pour l'ensevelir à jamais.— On dit que, de nos jours, il vient, comme l'oiseau de la Fable, de renaître encore de ses cendres.

FEUX (d'artifice). Il en est question bien longtemps avant l'invention de la poudre, mais le secret des Anciens pour en donner le spectacle est mort avec eux. Margraf, de nos jours, en trouvant le feu vert, a ouvert l'espace à l'invention de ces feux de toutes couleurs dont nos fêtes nationales sont maintenant étoilées, et que les Ruggieri ont parcouru avec tant d'éclat. (V. *Pyriques*.)

FIACRES. Ils datent de 1657 (règne de Louis XIV). L'idée en vint à un nommé Sauvage qui demeurait dans une maison de la rue Saint-Martin à laquelle l'image de *Saint-Fiacre* servait d'enseigne : d'où le nom leur en est resté ; ils furent d'abord appelés *Carrosses à cinq sous*, prix dont on les payait à l'heure.

FIFRE. Introduit en France sous le règne de Louis XI, par un régiment suisse dont le colonel se nommait *Pfifer*. La première bataille dans laquelle on l'entendit retentir fut celle de Marignan.

FIGUIER. D'origine asiatique, mais acclimaté depuis longtemps dans le midi de l'Europe. La propriété nutritive de son fruit est connue de temps immémorial. Pythagore le prescrivait comme aliment aux athlètes, et Caton aux laboureurs. — Quoique les figuiers fussent sacrés à Athènes, Timon-le-Misanthrope voulut néanmoins en faire abattre un aux branches duquel plusieurs personnes s'étaient déjà pendues. Il fit part de son projet à l'assemblée du peuple d'Athènes, et ajouta: « *S'il y en a parmi vous quelqu'un qui veuille se pendre, qu'il se dépêche.* »—L'aspic qui donna la mort à Cléopâtre lui fut servi dans un panier plein de figues.

FILATURE. Un simple ouvrier fileur, James Hargreaves, inventa, vers 1760, la première machine à carder, et en 1767 le métier connu sous le nom de *Jeannette*, qui remplaçait environ 40 fileuses au rouet. Les ouvriers, irrités, brisèrent toutes ses machines, qui furent bientôt avantageusement remplacées par la filature *continue* (à cylindres ou à laminoir), imaginée en 1768 par un obscur barbier de village, nommé Arkwright; et de perfectionnement en perfectionnement, on arriva à la *Mull-Jenny*, de Samuel Crompton (1775), et enfin, en 1785, à l'application aux filatures de coton des machines à vapeur que Watt venait aussi de perfectionner.

FLÉTRISSURE. Autrefois en France on marquait les voleurs d'une fleur de lis; à la fleur de lis succédèrent d'abord l'abréviation *Gal.*, ensuite l'initiale *V.*, puis celles *T. F.* et *T. F. P.*— Les Romains, eux, imprimaient une flétrissure indélébile au milieu même du front: *Hanc litteram* K(*Kalumnia*) *ad caput affigent.* CICÉRON. —L'abolition de la flétrissure en France date du 28 avril 1832.

FLEURS (*artificielles*). Les Chinois, auxquels il est convenu de remonter pour la plupart des découvertes humaines, fabriquaient des fleurs artificielles dès la plus haute antiquité. Les modistes de Rome en paraient leurs contemporaines. Quoique l'antique Italie ait légué la perfection de cet art à l'Italie moderne, celles qui en 1738 parurent pour la première fois à Paris, et dont l'auteur fut un nommé Séguin, de Mende, chimiste et botaniste distingué, purent soutenir avantageusement la concurrence avec celles de nos voisins.—On sait à quel *nec plus ultra* elles sont arrivées aujourd'hui.

FLOTTAGE. Le flottage à *bûches perdues* fut inventé par Jean Rouvet en 1549-50. Ses compatriotes lui ont élevé une statue. Ce mode a subi, depuis, de grands perfectionnements.

FLUTE. On en jouait à Lacédémone.—Les Crétois marchaient jadis à l'ennemi au son des flûtes, comme d'autres peuples hellé-niques au son des luths et de la lyre. Le plus ancien joueur de flûte est un Grec nommé Hyagnis. Néron, à Rome, se distingua sur cet instrument.

FOIRES. La première foire établie en France fut celle du *Landit*. Charlemagne l'inaugura à Aix-la-Chapelle: elle fut transférée à Saint-Denis par Char'es-le-Chauve. Les commerçants français s'y rendirent d'abord par caravanes, afin de pouvoir se défendre contre les attaques des seigneurs pillards.—La foire Saint-Germain date du règne de Louis XI (1482).—Puis est venue la fameuse foire Saint-Laurent.—Celles qui leur ont survécu avec la même célébrité sont les foires de Beaucaire, de Guibray, de Leipsick, de Francfort, de Sinigaglia, etc.

FONDERIE. Cet art remonte aux Grecs et aux Égyptiens : il alla en se perfectionnant jusqu'au règne d'Alexandre-le-Grand; mais de la domination romaine date l'époque de son déclin, jusqu'à ce qu'il disparaisse enseveli sous les ruines du Bas-Empire. Il renaît en France avec le grand siècle, et la statue équestre de Louis XIV, élevée en 1699 sur la place Vendôme, est fondue d'un seul jet par un citoyen de Zurich, Balthazar Keller.—La *fonte des canons*, que l'on coulait auparavant comme les cloches, fut aussi perfectionnée par Maritz, qui les coula massifs et pleins, et en fora l'âme à l'aide d'une machine qui s'est transmise jusqu'à nous.

FORCEPS. Inventé en 1651 par Palfin, de Courtray.

FOURCHETTES (*et* CUILLERS). Le voyageur Thomas Coryate, qui d'Italie en Angleterre en importa l'usage en 1610, fut longtemps regardé par les Anglais comme un maniaque, et son importation comme une parfaite inutilité.—Au dixième siècle on mangeait encore avec les doigts en Italie. Aujourd'hui même on se sert en Orient de la *fourchette* de notre premier père.

FRESQUE. Ce genre de peinture est fort ancien; plusieurs temples d'Athènes en possédaient. Elle nous est venue, en 1020, d'Italie, ainsi que la *Mosaïque*; et Rome a la gloire de posséder à son Vatican les plus belles fresques de l'univers, créées par l'immortel pinceau du plus illustre de ses enfants.

FUSILS. Leur usage général dans les armées ne remonte guère au delà de 1704, bien que plusieurs régiments et notamment les grenadiers et les *fusiliers* en fussent pourvus dès 1671. L'invention en a été faussement attribuée aux Hollandais ; elle appartient à un bourgeois de Lisieux nommé Marin, qui présenta à Henri IV le premier fusil (à vent).—Ceux à percussion furent inventés en 1817 par Guillemain, de Paris.

G

GALVANISME. Électricité animale, découverte en 1792 par Galvani, professeur de médecine à Bologne : c'est aux mouvements tétaniques qu'il remarqua dans une grenouille qu'il disséquait coïncidemment à des expériences électriques faites dans la pièce même où il travaillait, qu'il dut la révélation de cette électricité.

GALVANOPLASTIE. Procédé de perfectionnement de dorure et d'argenture par le galvanisme, dont l'invention moderne est contestée à M. de Ruolz.

GANTS. On les porta d'abord en gros cuir. Les prêtres du moyen âge officiaient avec des gants ; mais l'usage en était défendu aux juges en temps de plaids.—Mort subite de Jeanne d'Albret, à 44 ans, empoisonnée, dit-on, au moyen de gants parfumés, vendus par le Florentin Réné, fournisseur de la cour de Catherine de Médicis et de Charles IX.

GARNISONS. Les premières garnisons furent imposées aux provinces de France par des ordonnances du roi Charles VII.

GAZ. Le premier qui décomposa l'air fut un médecin du Périgord du nom de Jean Rey, dont les expériences longtemps oubliées furent renouvelées par Bayen, mais sans progrès notables jusqu'à l'époque des admirables résultats obtenus par l'infortuné Lavoisier. C'est à lui qu'est due la décomposition de l'air en deux fluides ou gaz (oxygène et azote) dont le premier est le principe de la vie des hommes, des animaux et des plantes, ainsi que de la combustion des corps. On sait de quelles nombreuses applications les gaz ont été depuis susceptibles.—La solidification du gaz acide-carbonique a été trouvée par Thilorier en 1835.

GAZETTES. Les Chinois ont eu de tout temps des gazettes sous un autre nom; l'Italie, et notamment Venise, n'en eut qu'au dix-septième siècle: de là l'origine des nôtres et du mot *gazetta*, petite monnaie italienne. Les premières qui virent le jour en France furent publiées en 1631-32 par le médecin Théophraste Renaudot. —Le premier numéro du *Journal de Paris* est du 1er janvier 1777.—Celui du *Moniteur* est du 24 novembre 1789 : ce sont les plus anciennes gazettes de Paris, dignes de ce nom. — Les journaux littéraires datent du *Mercure galant.*—Desfontaines, Fréron son élève et Clément, furent, au dix-huitième siècle, les critiques les plus acharnés après la gloire de Voltaire.

GAZOMÈTRE. Le premier gazomètre a pour date l'année 1798, et Séguin pour auteur.

GENDARMERIE. Elle succéda à la maréchaussée en 1790.

GÉNÉALOGIE. Science dont l'origine est moderne en France (dix-septième siècle): on la doit au célèbre Marseillais d'Hozier. —César se vantait de tirer son origine d'Anchise et de Vénus.— Les nobles de la Hongrie ont la manie de reculer la leur jusqu'à l'antiquité la plus *inconnue.*—Les Tekeli prétendent remonter à Sem, fils de Noé, et les Esterhazy directement à Adam même.— Les Espagnols ne le cèdent en rien aux Hongrois pour l'orgueil de la généalogie. Sous Philippe V, un hidalgo biscaïen, signant son contrat de mariage, écrivit : *Don X. X. noble como el rey, y aun... aun...* (noble comme le roi; et même... et même...).

Voici la devise de la famille Vellasco :

Antes que Dios fuese Dios
O que el sol illuminab los
Peñascos
Ya era noble casa de los Vellascos.

(Avant que Dieu fût Dieu, ou que le soleil eût brillé sur les rochers, la maison de Vellasco était déjà noble.)

GÉOLOGIE. Science créée par Faujas en 1808.

GÉOMÉTRIE (*descriptive*). Elle fut inventée par Monge, fondateur de l'Ecole polytechnique. mort en 1818.

GIBET. (Voir *Guillotine* et *Potence.*)

GILETS. *Gilles*, bouffon à la mode au dix-huitième siècle, porta ces premiers costumes de mascarade, et en propagea l'usage en France.

GLACES. C'est Venise, non la pauvre Venise déchue d'aujourd'hui, mais la noble reine de l'Adriatique, qui vers 1325 a donné naissance à l'art de manufacturer les glaces. C'est Colbert encore, et toujours Colbert, qui rappela dans notre patrie les ouvriers français qui travaillaient à Venise, et qui, en 1666, agrandit le domaine de cet art au point de rivaliser et de surpasser les œuvres de l'art vénitien. La première fabrique française fut établie à Tourlaville, près de Cherbourg.—Les glaces ne furent coulées qu'en 1685 ou 1688, par Abraham Thivart : ce fut sous la direction de cet artiste éminent que la manufacture de glacés de Paris passa à Saint-Gobin, où elle est encore, où les glaces sont façonnées brutes, et d'où on les envoie à Paris pour les dernières opérations qu'exigent le tain et le poli de la glace.—Celles à losanges ou à demi ternes et dépolies, qui permettent de voir sans être vu, sont de l'invention de Bernières, et datent de 1769. (Pour les glaces des carrosses. (V. *Carrosses.*)

GRAVITATION. C'est une des plus grandes et des plus fécondes découvertes modernes, et la plus digne de ce puissant génie qui fut Newton.

GRAVURE. Les Anciens gravaient en relief et en creux sur les métaux, les cristaux et les pierres fines; mais les divers genres de gravure qui éternisent les chefs-d'œuvre par la reproduction, la gravure sur bois, sur cuivre, sur acier, sont d'invention moderne : la première est la plus ancienne; elle était déjà connue en 1430 : Les Anglais ont dès longtemps excellé dans la gravure sur bois. Celle sur cuivre ou en taille-douce fut inventée en 1452 par Masso Finiguerra, orfévre florentin; celle à l'eau forte par Mantegna (quinzième siècle). La gravure sur pierre, en lithographie, d'invention récente et peu en usage en France, est appelée à de beau succès.

GRENADES (*artillerie*). Elles datent du règne de François Ier (V. *Bombes*). Les grenades qui remplissaient les gibernes des soldats français donnèrent leur nom à ces compagnies d'élite dont la première fut créée en 1670.—Latour-d'Auvergne fut surnommé *le premier grenadier de France*.

GUILLOTINE. Tant qu'on n'aura pas complétement rayé de nos codes l'office du bourreau, que la Révolution de Février a du moins supprimé en matière politique, il faudra reconnaître que l'instrument expéditif appelé *guillotine* fut une innovation heureuse, en ce sens qu'elle atténue l'horrible rigueur de la peine capitale. Le docteur Guillotin en fut l'inventeur en 1791.

GYMNASTIQUE. En honneur chez les anciens, et surtout en Grèce (Sparte), elle fut, depuis eux, longtemps délaissée. Elle dut sa renaissance, à notre époque, aux recommandations incessantes et au patronage du célèbre instituteur Pestalozzi, et son perfectionnement au colonel Amoros et à l'établissement qu'il fonda en 1819. — Aujourd'hui les gymnases se multiplient dans les garnisons, dans les lycées et dans les établissements d'instruction publique.

H

HALLEBARDE. Venu d'Angleterre, l'usage de la hallebarde s'était introduit dans quelques compagnies de l'armée française : l'Angleterre le tenait de l'Ecosse, qui l'avait reçu du Danemark : elle ne brille plus aujourd'hui que pour retentir inoffensive sur le parvis sonore, dans la main droite des plus ou moins beaux grands suisses d'église.

HARPE. La harpe est d'origine antique et sacrée. Les Grecs et les Romains eurent la harpe à sept cordes. Elle fut en honneur au noble temps de la chevalerie et charma l'Ecosse et la verte *Erin* (l'Irlande). Elle est presque réduite aujourd'hui aux seuls doigts des artistes nomades, et distancée, comme la guitare, par le piano.

HATSCHICH. Cet extrait du chanvre indien est employé par les Orientaux, comme l'opium, pour se procurer des rêves agréables, des hallucinations qui les transportent dans un monde tout idéal. — Pour que le hatschich agisse d'une manière convenable au but qu'on se propose en le fumant ou en l'avalant, il faut qu'on en prenne, une heure avant de manger ou quatre à cinq heures après le repas, la grosseur d'une noisette, accompagnée d'une demi-tasse de bon café noir. Si l'on veut fumer le hatschich, on agit de même. Dans l'un et l'autre cas on recommence la dose ; l'on ne fume plus dès que l'effet commence. — Pendant l'action du hatschich, les visions les plus bizarres, les fantasmagories les plus excentriques se déroulent avec rapidité devant les yeux. Ce sont des extravagances en paroles et en actions tout à fait incroyables, qui aboutissent le plus souvent à un sommeil paisible que viennent charmer les plus agréables rêves.

HOMŒOPATHIE. Nouveau système introduit dans la médecine par Samuel Hahnemann. Ce système, opposé à cet ancien aphorisme : *le contraire guérit le contraire*, a la prétention d'obtenir la guérison du *semblable par le semblable*. C'est en 1790 que Hahnemann publia pour la première fois en Allemagne cette doctrine, répudiée aujourd'hui par les sommités de la science médicale, bien qu'elle ait beaucoup de partisans crédules et de sycophantes parmi le peuple.

HORLOGERIE. Les plus importantes inventions en horlogerie répondent aux noms de Leroy et de Bréguet : le talent du célèbre Tourangeau Leroy fut dans toute sa force en 1770. C'est à lui que l'horlogerie doit, dès cette époque, *l'échappement libre*, le *balancier compensateur* et l'*isochronisme des oscillations du balancier par le ressort spiral*, trois inventions qui ont porté cet art à un si haut degré de perfection ; mais c'est Bréguet, qui, en 1806, a rendu l'horlogerie française la première de l'Europe. — Lepaute, mort au mois de décembre 1849, est l'auteur de l'horloge de la Bourse de Paris, chef-d'œuvre de la haute horlogerie de précision. — Jean-Jacques Rousseau et Beaumarchais étaient tous deux fils d'horlogers.

HORLOGES. Celles à roues peuvent être placées au quatrième siècle ; mais ce ne fut qu'en 760 que le pape Paul Ier envoya la première à Pépin-le-Bref ; la seconde fut un don du calife Haroun-al-Raschid à Charlemagne. Sous le roi Robert, c'est-à-dire vers 999, Gerbert, archevêque de Reims, exécuta la première horloge dont le mouvement ait été réglé par un balancier. Les premières horloges à sonnerie ne sont pas antérieures au quatorzième siècle. — Celle du Palais fut la première exécutée et établie à Paris, en 1370, par l'Allemand de Wich, sur l'ordre de Charles V. — L'application aux horloges, en 1647, du pendule inventé par Galilée, est due à Huyghens.

HORTICULTURE. Cet art si gracieux est contemporain de la plus haute antiquité. En Phrygie, en Syrie, dans la Grèce et à Rome, on en composait ses plus doux loisirs ; mais en France, ce n'est que sous Louis XIV que les jardins durent à La Quintinie et à Le Nôtre la grâce, l'élégance, la dignité, la magnificence même qui, sans dégénérer en se généralisant, se sont transmises jusqu'à nous. Je doute que les merveilles antiques des jardins suspendus de la Babylone de Sémiramis pussent approcher de celles des jardins modernes des Tuileries, de Marly, de Trianon et de Versailles. — Le cardinal Albéroni, premier ministre et favori du roi d'Espagne Philippe V, était fils d'un jardinier.

HOUILLE. Découverte exploitée et mise en usage au douzième siècle, mais connue et même employée déjà dès le quatrième siècle avant J.-C.; devenue enfin depuis un demi-siècle d'une importance et d'une nécessité générales, notamment par son application au chauffage, à l'éclairage et à la vapeur. — C'est l'Angleterre et la Belgique qui en produisent le plus.

HYDROGÈNE. Il fut découvert au commencement du dix-septième siècle. Son union avec l'oxygène donne pour résultat l'*eau*.

I

IMPRESSION. L'industrie de l'impression sur étoffes est de beaucoup antérieure, comme la gravure, à l'art de l'imprimerie, et elle date de l'antiquité même de la Chine et des Indes. La première manufacture qu'en ce genre ait possédée la France fut établie par Oberkampf; mais ce n'est qu'en 1801 que les cylindres ont été substitués aux planches de cuivre.

IMPRIMERIE. On assigne à la naissance de l'imprimerie la date du quinzième siècle, bien qu'il soit reconnu aujourd'hui que les Chinois étaient loin de l'ignorer au dixième. La plus ancienne imprimerie du monde est à Pékin. — Il y avait déjà en 1466 des livres imprimés par Jean Furst, de Mayence, sous la direction de Guttemberg, qui est unanimement considéré comme l'inventeur moderne de l'imprimerie. — Les caractères de métal furent substitués à ceux de bois par le gendre de Furst, Pierre Schœffer.— La première imprimerie qu'ait eue la France fut établie en 1470, sous Louis XI ; l'imprimerie royale fut fondée par François Ier, en 1521. Les plus grands noms qui aient illustré le premier des arts sont les Alde, les Vascosan, les Étienne, les Elzévir et les Didot.

INDES (*Orientales*). Vasco de Gama, en 1498, avait ouvert la route des Indes *par le chemin des audacieux*, comme Alcuin appelait la mer; l'intrépide Gama, qui au moment d'un terrible tremblement de terre sous-marin, alors que la terre bondissant contre les flots terrifiait son équipage, lui cria : « Ne « voyez-vous pas que la mer des Indes tremble devant nous, et « que la terre fait de même ! Enfants, c'est un pronostic de vic- « toire ! »

INDIGO. Transplanté des Indes-Orientales en Amérique, il parut en Europe au dix-septième siècle, et son bleu détrôna bientôt celui du pastel, qui reprit sa revanche en 1806 et de nouveau se substitua à l'indigo.— Un centigramme de cette substance communique une teinte bleue assez prononcée à 100,000 grammes d'eau (100 litres).

INOCULATION. Ce moyen unique de conjurer les ravages de la petite vérole, avant la découverte de la vaccine, fut expérimenté pour la première fois en France, en 1756, sur les enfants mêmes du duc d'Orléans ; il l'avait déjà été en Angleterre en 1721 : lady Montague l'y avait introduit en 1717, à son retour de Constantinople. La rapidité et l'immensité des succès de la vaccine le firent en très-peu de temps complétement abandonner.

IODE. L'iode et ses propriétés furent découvertes, en 1811, par Nicolas Courtois. C'était un pauvre salpêtrier du faubourg Saint-Antoine, qui, après avoir rendu cet immense service à la science et à l'humanité, mourut presque ignoré et dans l'indigence.

J

JABOTS. Les premiers jabots furent portés par Louis XV.
JARDINAGE. (V. *Horticulture.*)
JOURNAUX. (V. *Gazettes.*)

L

LAINE. Les machines à carder et à filer la laine n'ont été mises en activité en France qu'en 1803, sous l'influence du ministre de l'intérieur Chaptal. — Colbert était petit-fils d'un marchand de laine de Reims. — Le chevalier d'Alcantara, qui portait bien sans frissonner des habits de laine, ne pouvait sans frémir en entendre prononcer le mot (*lana*). — On ne peut parler aujourd'hui de l'industrie lainière sans avoir dans la pensée les noms illustres des Ternaux et des Cockerill.

LAIT. Celui d'*ânesse* fut mis à la mode en France par un médecin juif venu exprès de Constantinople à Paris pour soigner François Ier, dont la constitution physique était délabrée : c'est avec ce remède et ce régime unique qu'il avait la réputation de sauvegarder les constitutions royales ; son habileté n'échouait que sur les constitutions républicaines. Il réussit donc : et cette gent moutonnière qu'on nomme la cour et la ville se mit bien vite au lait d'ânesse. — Latour-d'Auvergne, premier grenadier de la République, qui à 59 ans partit encore, volontaire pour la troisième fois, vivait de deux sous de lait par jour.

LAMPES. Avant l'invention de la *lampe de sûreté*, due à l'Anglais Humphry Davy, en 1815, la vie des ouvriers dans les houillères avait à redouter les continuelles explosions de la *mofette*, ou gaz hydrogène carboné. Depuis cette époque les mineurs échappent sans doute à la mort violente, mais leur existence n'en est guère moins misérable et moins courte. Le bienfait de cette découverte restera incomplet tant que le génie de l'homme n'aura d'autre moyen de satisfaire aux besoins des uns qu'en abrégeant la vie des autres. — A Rome et en Italie, on enfermait des lampes dans les tombeaux, parce que la vue du feu était censée agréable aux mânes ; des esclaves étaient chargés du soin de les alimenter. — Trois hommes entrent sans peine dans celle d'argent massif suspendue au milieu de la cathédrale de Mexico. —Des lampes sont perpétuellement entretenues autour du Saint-Sépulcre, en nombre équivalant à celui de tous les peuples chrétiens. Lampes d'*Argant*, de *Carreau*, de *Carcel* (V. *Éclairage*).

LAMPIONS. Cet usage d'enfumer, de maculer et d'empester toutes les réjouissances publiques nous est venu de ces honnêtes Romains de l'Empire, les maîtres de l'univers entier en fait de servilité et de bassesse.

LANTERNES. Elles remplacèrent les *vessies*, et furent elles-mêmes remplacées en 1770 par les *réverbères*, que le *gaz* finira bientôt par éteindre jusqu'au dernier (V. *Réverbères*). — La fête nationale des *Lanternes*, en Chine, le 15 du premier mois de l'année, est célébrée à l'occasion de la recherche de la fille d'un mandarin, tombée un jour dans un fleuve; recherche qui fut faite avec des lanternes par le père de la jeune fille et par tout le peuple, qui les avait l'un et l'autre en vénération. D'année en année, cette fête a fini par devenir nationale, et son origine est peut-être plus ignorée en Chine qu'en Europe.

LAPIDAIRE (*Art du*). (V. *Diamant.*)

LAZARETS. Les premiers ont été bâtis et les quarantaines instituées par les Vénitiens, au quinzième siècle, dans l'île de Saint-Lazare: d'où leur est venue leur appellation.—Les Turcs n'ont'des lazarets que depuis 1838.

LEVIER. Le levier, ou plutôt sa théorie, est de l'invention du plus grand géomètre de l'antiquité, d'Archimède, qui demandait au roi Hiéron un point d'appui, certain alors avec le levier de pouvoir soulever le monde.

LITHOGRAPHIE. Nous devons à M. de Lasteyrie nos premiers établissements lithographiques (1814). Mais la lithographie était antérieurement en vogue en Angleterre et en Allemagne, où elle avait été découverte en 1796, par Aloys Sennefelder, humble choriste du théâtre de Munich.

LOCOMOTIVES. Elles sont employées pour la première fois en Angleterre en 1807-1810. — Le premier essai de voiture à vapeur est fait, en France, en 1832, sur le chemin de fer de Lyon à Saint-Étienne. — Avec celles dites *Crampton*, perfectionnées par Houel, ingénieur de l'usine Derosne et Cail, on peut faire jusqu'à 80 kilomètres (20 lieues de poste) à l'heure.

LOTERIES. Elles ont pris naissance sous François Ier, mais ne sont devenues publiques que sous le cardinal Mazarin. — La loterie royale fut établie en 1776. — Ce fut avec le produit d'une augmentation mise sur les billets de loterie que l'on bâtit en 1750 l'église Sainte-Geneviève. — Après avoir fait fureur et rage et subi diverses alternatives de suppression et de rétablissement, elles ont été définitivement abolies en France le 1er janvier 1836.

LUNETTES. Les lunettes ordinaires qu'on nomme besicles furent inventées à Florence au treizième siècle par un Florentin nommé Salvino, et mises en usage au quinzième, sur les données et les descriptions de leur inventeur, par le dominicain pisan Alexandre Spina ; et ce sont elles et encore le hasard qui amenèrent la merveilleuse découverte de celles d'approche au commencement du dix-septième siècle : Un verre concave dans une main, un verre convexe dans l'autre main du fils d'un fabricant de besicles, Jacques Metius, qui s'amuse à les approcher tous deux et à les éloigner de son œil, voilà tout le secret (V. *Télescope*). La première lunette de Galilée, que l'on conserve à Florence, grossissait cinq fois comme une lunette d'Opéra ; il ne dépassa jamais un grossissement de 32 fois.—Sous Louis XV on atteignit des grossissements de 60 à 70 fois. à l'aide desquels on put apercevoir les satellites ; puis le roi d'Angleterre fit présent au duc d'Orléans d'une lunette à grossissement de 100 fois. Enfin Herschel découvrit son grand télescope qui grossit 6,000 fois. Avec ce télescope, une montagne éloignée de 6,000 lieues eût pu être aperçue comme si elle n'eût plus été qu'à la distance d'une lieue, c'est-à-dire comme de l'Observatoire de Paris on aperçoit Montmartre à l'œil nu. — Les lunettes les plus renommées en France, aujourd'hui (1850), sont les *grands objectifs* de Guinard.

M

MACHINES. On cite dans l'antiquité comme des machines célèbres celles de Ctésibius et d'Héron, illustres mathématiciens de l'école d'Alexandrie. Mais cent ans avant les leurs, celles d'Archimède, au siége de Syracuse par Marcellus, avaient renversé les tours, brisé les béliers, pulvérisé les galères des Romains; ce qui faisait dire à Marcellus qu'il ne pouvait lutter contre ce nouveau Briarée à mille bras. (V. *Vapeur.*)

MAGNÉTISME *animal.* Doctrine et science occulte qui eut pour auteur Mesmer, médecin allemand, et qui fut d'abord appelée, de son nom, *Mesmérisme.* Il l'enseigna à Paris de 1760 à 1784, et fit un grand nombre d'adeptes. Le magnétisme avait fini par être discrédité et abandonné, lorsqu'une réaction s'opéra tout à coup en sa faveur en 1826; on s'en occupa sérieusement, on l'étudia, on l'expérimenta, et avec tant de succès qu'aujourd'hui il n'y a de véritables incrédules que ceux qui ont intérêt à l'être. S'il en est d'autres, il faut leur souhaiter d'aller en Afrique et en Amérique et d'y observer les couleuvres et les serpents fascinant à distance avec leurs yeux ronds et fixes, et forçant à rester immobiles les petits animaux dont ils veulent faire leur proie.

MANCHONS. On commença à en porter à l'époque du règne de François 1er sous le nom de *contenances*, puis sous celui de *bonnes grâces*, et enfin sous le nom qu'ils n'ont plus quitté, celui de *manchons.* — Le manchon de velours que possédait Aubiac était tout ce qui lui restait des bienfaits de Marguerite de Valois; il le baisait en allant à la potence.

MANTEAU. D'usage commun en Grèce et à Rome, son adoption générale ne date en France que du dix-septième siècle. Les plus célèbres manteaux historiques sont, entre autres : le manteau magnifique qu'Aristippe, étant allé aux bains avec Diogène, laissa en échange de celui du cynique, qu'il prit à la place : mais Diogène voulut ravoir son manteau, jurant plutôt de sortir tout nu ;—celui du prophète Élie, qu'il plia en deux et avec lequel il frappa les eaux de Jourdain, qui se divisèrent pour le laisser passer à pied sec avec son disciple Élisée ; — le manteau de saint Martin, dont il coupa la moitié pour la donner à un pauvre: S. Martin fut à ce titre le premier et le plus sublime des communistes;—et enfin le manteau de Napoléon, qu'il portait à Marengo.

MANUFACTURES. Leur élan, amorti vers la décadence romaine, ne reprit un peu de vigueur qu'au douzième siècle, époque de la formation en France des corporations de métiers. — Elles tombèrent de nouveau après Sully, mais elles furent relevées sous Colbert.—Celles de soieries, de tapis, de verreries furent fondées par Henri IV, en 1599.

MARIONNETTES. Inventées au dix-septième siècle par un arracheur de dents du nom de Jean Brioché. Quelques voyageurs donnent la préférence sur les nôtres, pour la dextérité, aux joueurs de marionnettes de la Turquie.

MARMITES. Les marmites *autoclaves* ont pour date l'année 1820 et pour inventeur Lemarre.

MARQUE (flétrissure). — (V. *Flétrissure.*)

MARRONNIER. Bachelier l'apporta de Constantinople à Paris en 1615. L'Autriche le possédait en 1588, et l'Angleterre l'avait depuis 1550. — Qui n'a pas entendu parler du marronnier du château de Saint-Gratien (vallée de Montmorency), planté de la main même du maréchal de Catinat? — Et qui n'a pas vu celui si fameux du 20 mars (aux Tuileries), dont le bourgeonnement précède toujours la belle saison et en est en quelque sorte le messager? — Une précieuse découverte a été faite en 1848 par M. Flandin, chimiste renommé : il a débarrassé le *marron d'Inde* de son principe amer, au moyen de l'eau et du carbonate de soude, et en a fait un aliment aussi nourrissant et à meilleur marché que la fécule de pomme de terre.

MARTEAU. Inventé, dès l'origine des sociétés humaines, par Tubalcaïn, fils de Lamech, qui descendait lui-même d'Enoch, dit l'Écriture.—Le marteau à frapper les heures, qu'on adapte aux horloges, a été appelé *jacquemart* par corruption du nom de son inventeur *Jacques Marc.*

MASQUES. L'invention du masque du théâtre antique (*persona*) est due à Eschyle. Les masques des Grecs et des Romains étaient d'une autre complication que les nôtres ; outre la barbe, les cheveux, les oreilles, ils avaient encore la ressemblance des visages. On les fit d'abord de feuilles d'airain, puis en cuir, puis tout en bois. — Les masques modernes nous sont venus d'Italie, qui maintenant les reçoit de nous, ainsi que le reste du monde. — A la cour de Louis XIV et à l'Opéra on dansait masqué. Gardel et Vestris s'affranchirent du masque, non sans peine, en 1766. — La conjecture la plus probable aujourd'hui, relativement au mystérieux *Masque de fer*, c'est qu'il fut le frère jumeau de Louis XIV. Les mystères d'État sont des abîmes presque toujours horribles à sonder.

MATS (de cocagne). Le premier mât de cocagne qui ait été planté à Paris le fut en 1425; il fut élevé par les habitants de la paroisse de Saint-Leu et Saint-Gilles à Paris, dans la rue aux Ours, en face de la rue Quincampoix; il était couronné de l'appât d'une oie grasse contenue dans un panier avec six-blancs de monnaie (2 sous et demi). Aucun des concurrents n'y put atteindre, bien qu'il n'eût que 36 pieds de hauteur. Les mâts de cocagne modernes en ont 60, et la victoire n'est jamais longtemps indécise.

MÉCANIQUE. Les lois de la mécanique devaient nécessairement être connues des Égyptiens, qui jamais sans elles n'auraient pu construire leurs pyramides. — Les propriétés générales des corps que l'on doit considérer en mécanique sont : l'étendue, l'impénétrabilité, la divisibilité, la porosité, la densité, la compressibilité, l'élasticité et la dilatabilité. (V. *Automates*.)

MÉDECINE. La science et l'art en furent apportés à Rome du Péloponnèse par Archagatus. — Le médecin de Pyrrhus offrit à Fabricius de mettre fin à la guerre en empoisonnant le roi. Fabricius indigné, comme Camille l'avait été de l'offre homicide du maître d'école des Falisques, révéla la trahison à Pyrrhus lui-même, qui fit mettre à mort son médecin et rendit aux Romains tous les prisonniers qu'il leur avait faits. — Les écoles de médecine datent en Europe du quatorzième siècle.

MELON. La culture du melon en France remonte à l'expédition de Charles VII à Naples. Rabelais en envoya de Rome des graines, en 1536, à l'évêque Maillezais. Celui dit *cantaloup,* le plus estimé, tire son nom du domaine papal de *Cantalupo* près de Rome.—Tibère aimait passionnément le melon ; mais il n'en fit pas l'usage immodéré de quatre autres empereurs romains et du pape Paul II, qui moururent pour avoir mangé avec trop d'avidité du *cucumis melo*. — On sait à quel prix énorme les jardiniers de Louis XV arrivaient à en faire manger à ce prince le Jeudi-Saint.

MERCURE. Sa découverte se perd dans la nuit de l'antiquité. La *congélation* de ce métal, avec lequel se construisent les baromètres et les thermomètres, et si utile dans l'exploitation des mines d'argent et d'or, fut remarquée par Delisle et Gmelin en Sibérie, par Braun à Saint-Pétersbourg, en 1759, et fixée, par les expériences de Cavendish, en 1783, à 31 degrés et demi au-dessous de zéro.—C'est le seul métal liquide. Il attaque l'or et l'argent, et les dissout.

MÉRINOS. Les premiers mérinos qui parurent en France furent envoyés en don à Louis XVI, qui en composa le fameux rroupeau de Rambouillet, commis aux soins éclairés de notre grand naturaliste Daubenton, qui l'acclimata sur le sol français, et le

fit si bien se reproduire et s'accroître que la multiplication finit
par déborder dans le commerce. — La création des étoffes mérinos et des véritables cachemires est due à Ternaux et date de
1819.

MESSE. Établissement du sacrifice de la messe ou eucharistie
en 327.—Ce fut pendant la messe, dans sa cathédrale même et au
pied de l'autel, que Thomas Becket, archevêque de Cantorbéry,
fut assassiné par quatre gentilshommes anglais, émissaires de
Henri II. — Une messe d'action de grâces fut célébrée presque
en présence des Anglais, au moment de la délivrance d'Orléans
par Jeanne d'Arc, le 8 mai 1429. L'anniversaire s'en est perpétué jusqu'à nous.

MÉTAUX. L'or, l'argent, le cuivre, l'étain, le fer, le plomb,
le mercure étaient connus de toute antiquité ; la découverte de
quelques autres métaux est due aux travaux que firent les alchi-
mistes au moyen âge à la recherche du grand œuvre; mais ce
sont les chimistes de l'école moderne dont Priestley, Fourcroy,
Scheele et Lavoisier sont les fondateurs, qui ont doté la science
du plus grand nombre, 28, sur les 43 corps simples consi-
dérés comme métaux. Le zinc et l'antimoine datent du seizième siècle, et le platine du milieu du dix-huitième siècle. —
Suivant la bizarre nomenclature des anciens métallurgistes, le
cuivre était Vénus; le fer, Mars : le plomb, Saturne ; l'étain,
Jupiter ; l'argent, la Lune ; et le Soleil, l'or, le roi des métaux.

MÉTIERS. (V. *Tissage.*)

MEXIQUE. Découvert en 1518 par Jean Grijalva, qui périt mi-
sérablement neuf ans plus tard ; — conquis en 1519 par Fernand
Cortez, qui, dans sa vieillesse, se présentant à la portière du car-
rosse de l'empereur, répondit, à cette question : «Qui êtes-vous?
—Majesté, je suis l'homme qui vous a donné plus de provinces
que vos pères ne vous ont laissé de villes. »

MICROSCOPE. Le mérite de cette invention, qui se partage entre le Hollandais Corneille Drebbel et le Zélandais fabricant de lunettes Zacharie Jansen, appartenant tous deux au
seizième siècle, a ouvert un champ vaste aux observations des
merveilles de la Providence et de la nature dans la création
des infiniment petits. — Le Hanovrien Gottlieb Hoffmann inventa en 1774 le microscope qui fait paraître les insectes d'une
grandeur colossale. — C'est avec cet instrument que Bonnet,
Spallanzani, Réaumur, ont fait leurs observations merveil-
leuses.

MIEL. D'origine orientale, cette découverte passa d'abord en
Grèce, puis en Espagne, puis en France, et pendant longtemps il

tint lieu de sucre à nos pères (V. *Sucre*). — Les plus renommés chez les Anciens étaient ceux des monts Hymette et Hybla ; et chez les modernes ce sont les miels de Narbonne, dont le romarin est la base, de Provence, dont la lavande est le principe, et de Cuba, dont la fleur d'oranger est le parfum. (V. à ce mot notre *Dictionnaire des Erreurs et des Préjugés populaires*.)

MINIUM. Offert par le hasard à la vue de l'Athénien Callias, qui crut avoir découvert la pierre ou plutôt la *poussière* philosophale : il la passa sur-le-champ par le feu, et au lieu de la transmutation en or, il obtint ce beau rouge éclatant auquel nos chimistes français modernes ont donné une perfection si rare.

MIROIRS. Ils furent d'abord en airain, en fer bruni, en acier poli ; et aujourd'hui même en Orient on en voit fort peu comme les nôtres. — Les premiers miroirs en verre furent fabriqués dans les verreries de Sidon. Les Vénitiens revendiquent l'invention de ceux de cristal pour le quatorzième siècle. — Les femmes, en France, portèrent jusqu'au dix-septième siècle à la ceinture un petit miroir ovale, comme elles y portent aujourd'hui leur montre.

> Miroirs aux poches des galants,
> Miroirs aux ceintures des femmes.
> LA FONTAINE (liv. I, fab. XI).

MIROIRS (*ardents*). L'histoire fait honneur à Archimède de l'invention de ces miroirs, dont il se servit au siége de Syracuse, pour embraser la flotte des Romains commandés par Marcellus. (V. ce mot dans notre *Dictionnaire des Merveilles de la Nature et des Arts*. — Bibliothèque pour tout le monde.)

MONDE (Nouveau-) ou nouveau continent. Deviné et découvert par Christophe Colomb. Ses voyages sont compris entre les années 1492 et 1504. — L'Université entière avait ri du gigantesque projet de ce grand génie. Mais en revanche la reine Isabelle s'était écriée : « J'y engagerai, s'il le faut, les joyaux de ma couronne, mais le Génois partira. » On a appliqué ce vers à Colomb :

> Unus erat mundus ; duo sint, ait iste : fuère.

« Il y avait un seul monde ; qu'il y en ait deux, dit-il : et ils furent. » — Americ Vespuccio n'en a pas moins donné son nom à un monde enfanté en quelque sorte par le génie d'un autre homme : usurpation, du reste, dont l'histoire nous offre tant d'exemples, et d'une justice distributive qui rend chaque jour plus profond et plus vrai le *sic vos non vobis* de Virgile.

MONTRES. L'horloge qui fut présentée à Charles-Quint était une montre. C'est à Nuremberg, au commencement du seizième siècle, et par Pierre Hele, que furent faites, de forme ovale, les premières montres : ce qui les fit appeler d'abord *œufs de Nuremberg*. — Sous Henri IV, on portait pendues au cou de grosses montres-horloges. — Celles à répétition ont été inventées par l'Anglais Barlowe, sur la fin du règne de Charles II (1676). — Mais leur perfectionnement, et un perfectionnement tel qu'on peut le croire la dernière limite de l'art de l'horlogerie, est dû à notre célèbre Leroy, à Bréguet et à Berthoud, que les Parkinson et les Frodsham ont pu atteindre, mais qu'on ne surpassera peut-être jamais. — *Montres marines* (V. *Chronomètres*). — Napoléon, au Dix-Août, avait sa montre en gage chez le père de Bourrienne, marchand de meubles au Carrousel.

MONTS-DE-PIÉTÉ. Leur premier établissement à Paris, en 1777. — Le duc de Parme, accablé de dettes, avait engagé au Mont-de-Piété de Rome son duché de *Castro et Ronciglione*, et il dut l'abandonner enfin au pape en 1649, à la suite d'une guerre désastreuse.

MORTIER (ciment). Une vieille chronique anglaise prétend que le mortier dont on se servit pour édifier les murs de la Tour de Londres fut détrempé avec le sang des bêtes fauves. — Quelle origine !

MOUCHOIRS. L'usage des mouchoirs est nécessairement moderne, s'il est vrai que les Anciens crachaient fort peu et ne se mouchaient pas du tout. En Grèce on s'essuyait les yeux et le front avec le pan du manteau ; et si plus tard on porta un petit *sudarium* de toile fine qui fut l'origine des mouchoirs, ce fut uniquement pour étancher la sueur (V. *Chemises*). — C'est avec son mouchoir que s'étrangla Licinius Macer, accusé de péculat au sortir de sa préture, afin d'échapper à sa condamnation et de pouvoir laisser ses biens à son fils. — Le cardinal de Richelieu portait presque toujours à sa bouche un mouchoir qu'il retirait imbibé de sang : c'était celui des Chalais, des Montmorency, des Cinq-Mars, qui sans doute l'étouffait.

MOULINS. Le blé fut moulu d'abord à l'aide de pilons et de mortiers ; on se servit ensuite, en Asie, en Grèce et à Rome, de moulins à bras, qui remontent même jusqu'aux patriarches, et que les ânes et les chevaux firent mouvoir après ces autres bêtes de somme qui furent des hommes sous la verge des empereurs. — L'usage des moulins *à vent*, que les Arabes inventèrent vers 650, et qui d'Orient nous aurait été transmis, en Angleterre et en France, à notre retour des Croisades, doit sa naissance légale parmi nous à un diplôme du douzième siècle, qu'une communauté religieuse dut exploiter. — Tout le monde a lu dans le

Don Quichotte le fameux combat du chevalier de la Triste Figure avec les moulins à vent.

MOUSQUET. Le mousquet, qui a précédé le fusil, précédé lui-même par l'arquebuse, était tout uniment un fusil à mèche, dont l'invention est mise sur le compte des *Moscovites.* Son usage n'est pas antérieur à François Ier. Les plus gros mousquets qu'on ait jamais vus servirent dans les armées espagnoles de Philippe II.

MÛRIER. La culture du mûrier, dont les feuilles servent à la nourriture des vers-à-soie, fut introduite en France sous Charles VIII; mais dès le septième siècle elle avait été exportée de la Chine, et s'était acclimatée en Europe sous Justinien. — Ceux de la presqu'île de Morée (ancien Péloponnèse) étaient renommés. — Henri IV en fit planter quinze mille dans l'ancien jardin des Tuileries, et affranchit ainsi sa patrie du tribut annuel de quatre millions qu'elle payait à l'industrie étrangère. — On compte aujourd'hui soixante-cinq départements de la France qui s'adonnent à la culture du mûrier et qui y trouvent une source de bien-être.

MUSIQUE. Inventée à plusieurs parties par Gui d'Arezzo, en 1026 (V. *Notes*).— Caïus Gracchus plaçait un musicien derrière lui à la tribune, pour le remettre dans le ton lorsque la fougue et la violence de ses passions lui faisaient élever la voix outre mesure. — La reine Marie Stuart avait pour favori le musicien David Rizzio, qui fut assassiné en 1567 dans la chambre et sous les yeux mêmes de Marie par ordre de Henri Darnley, roi d'Écosse, mari de la reine. — Alexandre et Néron furent de bons musiciens, surtout le premier. — Grétry a été surnommé *le Molière de la musique.*

MYSTÈRES. Outre les cartes à jouer, le spectacle des *Mystères* fut un des moyens employés pour distraire charles VI, dans ses accès de démence. Ils commencèrent à être représentés publiquement à Paris, en 1402, par les confrères de la Passion — Chez les Anciens, la révélation des mystères de Cérès était considérée et punie comme un sacrilége. — Diagoras, à Athènes, faillit être mis en pièces par le peuple pour avoir ri de ceux d'Éleusis. — Du reste l'établissement des mystères en général est mis sur le compte de Musée et d'Orphée, par Platon dans son *Phédon* et sa *Politique,* et par Aristophane dans ses *Grenouilles.*

N

NANKIN. Étoffe fabriquée dans la ville chinoise de ce nom, qui l'envoie par Canton en Europe. A Roubaix et autres manufactures de France, on fabrique beaucoup de faux nankin, que l'on emploie à diverses sortes de vêtements d'été.

NAVIGATION. Art dont la découverte est attribuée aux Phéniciens, et qui nous a valu les Colomb, les Gama, les Magellan, les Cook, les Bougainville, les Lapeyrouse et les d'Urville.

NIELLE. Les orfévres de Marseille se sont illustrés dans cet art dès le septième siècle ; mais au quatorzième et au quinzième les Florentins l'ont porté à une rare perfection. Les œuvres parfaites en sont rares. Il y en a de fort curieux spécimen à la Bibliothèque nationale. — Ce fut en exécutant une nielle que Maso Finiguerra trouva le secret de la gravure en taille douce.

NOELS. D'après plusieurs historiens, la plupart des noëls seraient des gavottes et des menuets d'un ballet composé pour le divertissement de Charles IX par l'un des plus grands musiciens de ce temps (Eustache du Corroy).

NOTES (de musique). On est redevable des notes de musique, ou des points posés sur différentes lignes parallèles avec une clef pour chacune, à Gui d'Arezzo, qui, au onzième siècle, substitua ce mode à la confusion des lettres ou syllabes grecques et des lignes dont les Anciens se servaient. — On en a aussi attribué l'invention, en 1330, à un Parisien nommé Mœurs. — En Chine, où tout est calcul, jusqu'aux cadences de la musique, on entend quelquefois cent musiciens chanter ou jouer la même note sans jamais changer de ton.

O

OEILLETS. Importés d'Italie en France par René d'Anjou· On connaît la passion qu'avait le grand Condé pour ses œillet· de Chantilly. — « Sire, il faut frapper un grand coup. — Les quel? — Il faut proscrire tout symbole. — Faisons mieux· monsieur le duc, laissons passer, croyez-moi, la saison de, œillets. » (Louis XVIII.)

OLIVIER. La France en est redevable aux célèbres fondateurs de Marseille, aux Phocéens, environ cinq siècles avant notre ère· Sa culture est bornée à *huit* départements français : l'Aude, les Basses-Alpes, les Bouches-du-Rhône, le Gard, l'Hérault, les Pyrénées Orientales, le Var et le Vaucluse.

OPIUM. Le meilleur opium provient de la Turquie et de la Perse. Outre les nombreux usages en médecine de ce remède héroïque, les Asiatiques, et notamment les Chinois, fument l'opium et en éprouvent, comme avec le hatschich, une sorte d'ivresse pleine de charme ; mais l'abus qu'on en fait amène le tremblement, l'émaciation, la paralysie et la stupidité. — Nous devons l'usage de l'opium en France à Paracelse, qui l'employa pour la première fois en 1522. — « Mon métier est de guérir les hommes, non de les tuer. » (DESGENETTES, *à Jaffa*.

ORGUES. Celui que l'empereur Constantin Copronyme envoya à Pépin-le-Bref était mû et rendu sonore par la vapeur. Extase dans laquelle tombèrent beaucoup de femmes de la cour à sa première audition. — Les premières orgues à soufflets datent du règne de Louis-le-Débonnaire. Qu'il y a loin de la grossièreté de mécanisme de ces orgues du moyen âge, qu'il fallait toucher à coups de poing, telles que celui de la vieille église de Westminster, composé de 400 tuyaux pour lesquels non-seulement 26 soufflets étaient nécessaires, mais encore 70 hommes pour les mouvoir avec vibration ; qu'il y a loin de là à la perfection de nos orgues modernes, dont le type est celui de l'église de Saint-Denis ! — Le plus grand organiste moderne était le célèbre Mendelshonn, mort en 1847.

OXYGÈNE. Priestley, qui le découvrit, en 1774, le nomma *air vital*, et prouva que c'est à son action qu'est due la couleur rouge du sang des artères ; et comme il est aussi le principe de la combustion des corps, Scheele le nomma à son tour *air de feu*. C'est aux découvertes de ces savants étrangers que la chimie moderne doit la nouvelle et large voie dans laquelle elle est entrée, et les travaux de notre illustre et malheureux compatriote Lavoisier. (V. *Gaz*.)

P

PANTALONS. Les uns en attribuent l'origine aux Vénitiens, qui leur auraient donné le nom d'un des saints patrons de Venise, *Saint-Pantaléon* ; les autres à un bouffon personnage connu sous ce nom à la comédie italienne (*Pantalon*). — Une lettre pastorale de l'évêque de Gap, vient, en 1849, de proscrire le pantalon comme vêtement ecclésiastique, et ordonne de le remplacer par la culotte, ainsi que le chapeau rond par le tricorne.

PANTOMIME. Art inventé par Bathylle et Pylade à Rome ; ils eurent Hylas pour élève. La pantomime fut nommée par les Romains *danse italique*.

PANTOUFLES. D'origine égyptienne. Elles étaient faites alors de feuilles de palmier et de papyrus. En Espagne, c'est de genêt qu'elles étaient faites. Les femmes portèrent longtemps en France cette chaussure exclusivement aux hommes. — Empédocle, par une vanité ridicule, laissa les siennes au bord du cratère de l'Etna, avant de se précipiter dans le gouffre dont il ne pouvait approfondir les secrets, voulant que son action fût ainsi transmise avec éclat à la postérité.

PAPIER. Ce nom lui vient du mot *papyrus*, espèce de roseau des bords du Nil, sur les feuilles duquel on écrivit, alternativement avec le parchemin, jusqu'au treizième siècle, époque de l'usage assez général, et venu d'Orient, du papier de chiffons, inventé dès la fin du onzième. Mais antérieurement encore on s'était servi d'abord de feuilles de palmier, puis d'écorces d'arbre, ensuite de cire, dont on enduisit des tablettes d'ivoire qui reçurent l'écriture au moyen du trait aigu d'un poinçon ou d'un stylet.—Les premières manufactures de papier datent, en France, de Philippe-de-Valois (quatorzième siècle). Celles d'Angleterre ne paraissent qu'au seizième. — Le papier *de Chine* remonte à 2,000 ans, d'après les auteurs chinois. — Le papier *vélin* fut inventé par l'Anglais Baskerville, qui en 1757 édita un Virgile sur ce papier. Johannot, Réveillon, et surtout Montgolfier et Ambroise Didot, ont les premiers fabriqué en France le papier vélin. — Les papiers peints sont d'origine chinoise et antique; mais ce n'est qu'en 1780 que les manufactures, à peine parues, se multiplièrent toutefois avec un succès que la mode, pourtant si variable sur tout le reste, a perpétué.

PARASOLS, PARAPLUIES. Instruments de dignité, avant de devenir instruments utiles, ils étaient depuis longtemps de mode en Tartarie, en Perse et en Italie, avant de passer en France (au dix-septième siècle). — On a vu, abrité sous une tente dressée sur le grand bassin des Tuileries à Paris, vers la fin du règne de Louis-Philippe, le parasol marocain pris à la bataille d'Isly par les soldats français, commandés par le maréchal Bugeaud.

PARATONNERRES. Chappe et Bertholon perfectionnèrent en France cette belle invention de Franklin, dont il dota le Nouveau Monde en 1757, mais qui ne s'introduisit dans notre patrie qu'en 1782. Le premier paratonnerre français fut placé sur la machine de Marly.

PAUME. Jeu fort goûté des Grecs et des Romains, qui, ne connaissant pas l'usage des raquettes, imaginé beaucoup plus tard (quinzième siècle), poussaient la balle avec la paume de la main : d'où le nom du jeu. — Le *Serment du Jeu de Paume* est le premier acte imposant de la grande révolution française.

PAVAGE. La coutume du pavage des routes (il n'est pas question de rues) était pratiquée du temps des Romains. Cordova (Espagne) fut la première ville moderne que l'on pava, et ce fut au neuvième siècle, sous Abderhaman. Paris ne commença à être pavé, pour un nombre de rues du reste fort restreint, que par ordre de Philippe-Auguste, vers 1185. — Les pavés, qui jusqu'à ce jour ne s'étaient guère dressés que pour les émeutes, les barricades et les révolutions de Paris, ont contribué généralement, en 1849, aux révolutions de toute l'Europe.

PÊCHER. Le fruit du pêcher est originaire de la Perse ; mais à Versailles, et entre les mains de La Quintinie, il devint le plus beau, le plus velouté, le plus parfumé des fruits. Il avait été importé dès l'époque des Croisades.

PEINTURE. Cet art sublime est d'origine égyptienne selon les uns, d'origine grecque selon les autres. Polygnote, Apollodore, Zeuxis, Parrhasius, Timanthe, Eupompe, Asclépiodore, et surtout Apelles, illustrèrent Corinthe, Sicyone, Athènes de leurs chefs-d'œuvre. La décadence de la peinture suivit la décadence de l'empire romain. Elle doit sa renaissance à Cimabué (treizième siècle). — La peinture à l'huile fut inventée au quinzième siècle, par Jean de Bruges (ou Van Eyck) de l'école hollandaise. — Le seizième siècle enfanta en Italie les illustres écoles d'où sortirent les Michel-Ange, les Vinci, les Titien, les Corrège, les Carrache, les Guide et les Raphaël. — Le dix-septième siècle s'illustra des œuvres de Poussin, de Lebrun et de Lesueur ; — le dix-huitième de celles de David et de Girodet. — Le dix-neuvième siècle enfin se couronne d'une auréole où resplendissent les noms des Gros, des Gérard, des Delacroix, des Delaroche et des Vernet. — *Peinture sur verre* (V. *Vitraux*).

PENDULE. Le pendule, inventé par Galilée, fut appliqué aux horloges par Huyghens. — Dans l'ancien palais de l'inquisition à Séville, la *Pendola* consistait en un véritable pendule ayant à son extrémité un gros cylindre de fer, qui, au terme de chaque oscillation, venait frapper au milieu du front le patient, attaché le long de la muraille qui faisait face, dans la position d'un crucifié. — Un auteur moderne a appelé le pendule *le pouls de l'Éternité.*

PENDULES. Leur invention est attribuée au Hollandais Jean Fromentel. — La pendule *marine* fut présentée, en 1724, à l'Académie des Sciences, par un célèbre horloger du nom de Sully.

PÉPINIÈRES. Les pépinières datent du dix-huitième siècle.

PERLES. Les Romains eurent une véritable passion pour les perles, qu'ils faisaient venir d'Orient. L'art de les imiter a été perfectionné, selon les uns, inventé, selon les autres, par un Français nommé Jaquin. Leur usage en Europe s'y maintint jusqu'à la mort de Marie-Thérèse d'Autriche (1683), époque de l'invasion de la mode des diamants.—César fit présent d'une perle estimée six millions à Servilie, sœur de Caton et mère de Marcus Brutus, celle de toutes les femmes qu'il aima le plus ardemment, au point de faire croire à la postérité que Brutus, son assassin, était son propre fils.

PÉROU. Découvert en 1513 par l'Espagnol Perez de la Rua; conquis par Pizarre de 1520 à 1533.

PERRUQUES. Le quinzième siècle a vu naître l'*art* de faire des perruques. Les plus belles, sous Louis XIV, coûtaient jusqu'à 3,000 fr. On cite un abbé Larivière comme le premier qui en ait porté dans ce siècle. M. de Sartines, lieutenant de police, possédait une véritable galerie de perruques, comme nous en avons, de nos jours, de médailles et de tableaux. — Diderot, lorsqu'il composait un conte ou un article pour l'Encyclopédie, gesticulait, frappait, jetait sa perruque en l'air, la rattrapait, la remettait, suait enfin jusqu'à ce que l'inspiration fût arrivée.

PERSPECTIVE. Appliquée aux décorations théâtrales par un peintre de Samos du nom d'Agatharque, environ 480 avant J.-C. — Le premier peintre de perspective français s'appelait Varin. Marie de Médicis lui confia la galerie du Luxembourg, et ses travaux eurent l'honneur d'être continués par Rubens.

PESANTEUR. La pesanteur *de l'air* fut reconnue en 1643 par Torricelli, disciple de Galilée, et confirmée par les expériences de notre grand Pascal (1646), qui reconnut que le poids de l'air diminue à mesure que l'on s'élève dans l'atmosphère. — L'eau est 770 fois plus pesante que l'air.—*Pesanteur universelle.* (V. *Gravitation.*)

PHARES. Les premiers phares furent bâtis en marbre blanc sous les règnes de Ptolémée-Soter et de Ptolémée-Philadelphe (Egypte). De leur sommet on découvrait les vaisseaux à cent milles en mer.

PHARMACIE. Détachée en 1484 de la médecine et de la chirurgie, et devenue une science à part. — Le roi d'Egypte Osymandias, le premier qui ait fondé une bibliothèque, l'avait appelée *pharmacie de l'âme.*

PHOSPHORE. Découvert par hasard en 1669 par Brandt, alchimiste de Hambourg, qui faisait des expériences sur les urines, et ensuite par le chimiste Kunckel, qui, en ayant reçu de Brandt un échantillon sans le secret de sa préparation, en dut la découverte, véritablement scientifique, en 1674, à son travail persévérant et à ses nombreuses expérimentations.— Il ne fut connu en France qu'en 1737, et découvert dans les os, par Gahn, en 1769.

PHRÉNOLOGIE. Système établi par Gall, aidé de Spurzheim, son élève et son collaborateur. Ce système a pour objet de classer et de localiser toutes les fonctions de l'intelligence, tous les penchants, tous les appétits dans certaines portions du cerveau, que révèlent les protubérances. Gall et ses disciples ont palpé et interrogé pour le triomphe de leur système des milliers de crânes, depuis ceux des voleurs et des assassins jusqu'à celui de Napoléon.

PHYSIQUE. Stationnaire jusqu'à Archimède, mais depuis ce grand homme, de plus en plus progressive ; par elle s'illustrèrent les Galilée, les Torricelli, les Descartes, les Pascal, les Boyle, les Huyghens, les Kepler, les Mariotte, les Laplace, les Lagrange, les Saussure, les Haüy, les Cavendish, les Davy, les Berzélius, les Wollaston, les Biot, les Fresnel et les Arago.

PIANO. On en attribue l'invention à un facteur d'orgues saxon nommé Silbermann : la ville de Strasbourg possède encore aujourd'hui le premier piano qu'il a confectionné, mais d'une infériorité remarquable si on le compare aux nobles instruments modernes des Pape, des Érard, des Pleyel. — Effet électrique des sons du piano sur beaucoup d'idiots, et qui l'a fait choisir comme un des moyens curatifs de l'aliénation mentale dans les grands établissements où cette maladie est traitée. — Mozart était le premier pianiste de son époque.

PIERRERIES. Elles furent portées, en France, pour la première fois, par Agnès Sorel en 1445.

PILE (dite *de Volta*). Appareil électro-moteur, l'une des plus fécondes découvertes de notre siècle, dû au grand physicien Volta.

PISTOLETS. Inventés à *Pistoïa* (Toscane) au seizième siècle (1545). Il y a eu une compagnie de *pistoliers* sous Louis XIII, ainsi qu'une d'archers et une d'arbalétriers : c'est d'eux qu'est venu l'usage de placer les pistolets aux arçons de la selle. — Le pistolet de Volta est renommé en physique. Volta fut aussi avec Galvani l'inventeur de la *pile* dite *voltaïque*. — Le fameux *tireur* Sirot, sous Louis XIII, avait fait le coup de pistolet avec trois rois, et percé d'une balle le chapeau de Gustave-Adolphe.

PLAIN-CHANT. La première forme qui fut donnée au chant dans les églises est attribuée à saint Ambroise. Le plain-chant, ainsi inventé, reçut son perfectionnement du pape saint Grégoire, et, à son exemple, plusieurs de ses successeurs et même des princes souverains en firent un objet d'étude, et notamment notre roi Robert, dont on chante encore aujourd'hui plusieurs des plus belles *Antiennes* et des *Répons* du rituel.

PLAN. Le *plan incliné* a été inventé par Archimède.

PLANÈTES. Le nombre des planètes découvertes est aujourd'hui (1850) porté à *seize* dans le système solaire (elles sont toutes sphériques ou rondes).

PLASTIQUE. Les sculpteurs Théodore et Ahxens l'auraient inventé dans Samos. Théodore de Milet l'aurait inventé, Dédale l'aurait inventé : c'est un véritable dédale; il en est de cet art comme de tant d'autres découvertes, que l'on met sur le compte de plusieurs pour n'avoir pas la courte honte d'avouer qu'on n'en connaît pas l'auteur.

PLATINE (ou *or blanc*), de l'espagnol *plata, platina* (argent); plus inaltérable que l'or et plus précieux pour la rareté, ce métal n'est connu en Europe que depuis le dix-huitième siècle. Il fut découvert en 1751 par Wood, essayeur à la Jamaïque. Il est blanc et brillant comme l'argent. Il est originaire du Pérou et des monts Ourals (Russie). C'est le plus dur des métaux; il ne fond qu'à des températures excessives, et est inattaquable par la plupart des agents chimiques : aussi l'emploie-t-on, outre l'horlogerie, en bassins et en creusets pour l'usage des laboratoires, et dans la fabrication des bijoux. L'empereur de Russie vient tout récemment (1849), comme en 1832, de faire frapper de la monnaie de platine.

PLOMB. On croit que le *laminage de plomb* fut anciennement découvert, puis oublié; mais le procédé en fut réellement retrouvé par un de nos compatriotes du nom de Rémond, au commencement du dix-huitième siècle — Opimius ayant promis d'accorder une quantité d'or égale en poids à celui de la tête de Caïus Gracchus, Septimuleius gagna et doubla ce prix horrible en remplissant de plomb la tête du dernier des Gracques, qu'il apporta ainsi aux pieds du consul.

PLUMES. On se servit d'abord de roseaux pour écrire, puis, simultanément, de roseaux et de plumes, et au seuil du huitième siècle enfin (vers 693), les plumes ont généralement prédominé, sauf en Grèce, en Perse et en Turquie, où l'on est resté fidèle au roseau. Les Hollandais ont été longtemps les seuls qui connussent l'art de préparer convenablement les plumes à écrire : aussi la France a-t-elle été leur tributaire. — Quant aux plumes *métalliques*, dont on fait aujourd'hui une si notable consommation, elles ont été imaginées par un mécanicien nommé Arnoux, au milieu du siècle dernier. Dans le procédé de fabrication mis en usage aujourd'hui, chaque plume passe par les mains de sept ouvrières au moins. Une seule ouvrière en découpe 300 par minute.

PNEUMATIQUE (Machine). Cette surprenante machine, qui a fait révolution dans la physique, et qu'on a si puissamment perfectionnée aujourd'hui, a été inventée par Otto de Guericke, bourgeois de Magdebourg, qui en 1634 fut admis à en démontrer les effets à la diète de Ratisbonne.

POCHES. Inconnues aux Anciens, et même aux Orientaux de nos jours, qui se servent encore, comme leurs pères, de ceintures auxquelles le moyen âge fit succéder les *escarcelles*. Vinrent ensuite pour les femmes les *sacs* et les *ridicules*. Les *poches* enfin virent luire leur jour de triomphe. Celles des culottes sont postérieures à Louis XII.

POIDS (*et Mesures*). L'uniformité en fut établie en Angleterre par Henri Ier en 1231 ; mais la France ne put réaliser qu'au dix-huitième siècle la pensée qu'en auraient eue successivement et Philippe-le-Long et Louis XI. Les travaux de Delambre, Méchain, et, depuis, ceux d'Arago et de Biot sur la mesure de l'arc du méridien terrestre, ont amené l'établissement de notre *système métrique*, offert à la Convention par les premiers de ces savants et marqué par elle d'une sanction indélébile. Le décret est de 1790 ; mais l'établissement du système décimal ne date que de 1795.—Les faux poids que Brennus employa pour peser le tribut de mille livres d'or au prix duquel les Romains venaient d'obtenir des Gaulois leur évacuation du territoire de Rome provoquèrent cette sublime allocution de Camille : « Romains, remportez votre « or, et vous, Gaulois, vos balances ; ce n'est qu'avec le fer que « l'on recouvre sa liberté. »

POIRES. Elles sont originaires de la Grèce, ainsi que les pommes.—Lorsque saint François de Paule vint en France, appelé par Louis XI, qui comptait sur un miracle pour recouvrer la santé, il apporta de la graine d'une certaine poire qui se propagea sur notre sol ; et comme les courtisans du roi moribond avaient surnommé François de Paule *le bon chrétien*, de là est venue l'espèce connue sous le nom de *poires de bon chrétien.* — On vantait autrefois les poires d'Alexandrie, de la Grèce, de la Numidie. —C'est du mont Ida que nous est venu le poirier.— Drusus, fils de Claude, fiancé, encore en bas-âge, à une des filles de Séjan, mourut étouffé par une poire.

POLARISATION (*de la lumière*), découverte par Malus en 1808.

POLYTYPAGE. Inventé vers la fin du dix-huitième siècle.

POMME DE TERRE. Parmentier fut le préconiseur infatigable, le promoteur toujours ardent de la culture de cette plante que d'aveugles préjugés, non moins que l'envie et la haine contre ce véritable philanthrope, essayèrent toujours de repousser, jusqu'au moment où l'honnête homme sortit vainqueur de la lutte. Le roi Louis XVI protégea spécialement la culture du nouveau végétal, que dans le principe on honora du nom de *Parmentière*; et ayant profité d'un jour de fête solennel pour paraître devant toute sa cour avec une fleur de pomme de terre à la boutonnière de son habit, il assura par cet éclatant hommage à une découverte si utile à l'humanité un succès et une vogue que les besoins incessants du peuple ont fini par perpétuer. — L'Anglais Drake l'avait déjà rapportée d'Amérique dans son pays en 1563. — Parmentier donna lui-même un dîner, devenu fameux, qui était composé tout entier de pommes de terre à toutes les sauces.

POMMES. Venues de la Grèce, ainsi que les poires. — Outre celle qu'abattit Guillaume Tell, d'un coup de flèche, sur la tête de son fils, on cite surtout la pomme que Newton vit tomber à ses pieds et sur la chute de laquelle après avoir médité longtemps, il découvrit les causes qui président aux mouvements célestes et déduisit les conséquences des lois de Képler. — Vladislas, roi de Pologne, ne pouvait voir une pomme sans frémir.

POMPES. En usage en Grèce et à Rome. — Pompes *à feu*. C'est à l'Angleterre qu'est due la première pompe à feu (dix-huitième siècle); la première construite en France, le fut en 1781 par les frères Perrier, mécaniciens, qui s'établirent à Chaillot. Le succès de cette tentative généralisa bientôt dans les ateliers l'usage des machines à vapeur. — Les pompes à *incendie* furent essayées pour la première fois à Paris, en 1699, sous le ministère du lieutenant de police d'Argenson. Protégées par le roi, elles se multiplièrent, et le corps des sapeurs-pompiers prit naissance.

PONTS. Les ponts en fil ou chaînes de fer ont été imaginés en 1799. Ils furent exécutés pour la première fois en Angleterre en 1819, par Richard Lees.—Outre le pont d'airain de Salmonée, et le pont *Sirath*, de la religion musulmane, qui est suspendu au-dessus de l'Enfer, et qui est plus étroit qu'un cheveu et plus tranchant qu'un cimeterre, l'histoire a rendu diversement célèbres et le pont *Sublicius* (à Rome), qu'Horatius Coclès défendit seul contre l'armée de Porsenna, et le pont de Montereau (en France), sur lequel fut assassiné le duc de Bourgogne Jean-sans-Terre, par Tanneguy Duchatel, en 1419 : le duc de Bourgogne avait lui-même, du reste, fait assassiner le duc d'Orléans en 1407.

PORCELAINE. L'Egypte, l'Asie, la Chine, tel est l'itinéraire que l'on prête à la porcelaine. — Les porcelaines les plus remarquables sont celles de la Chine, du Japon, de Saxe et de

Sèvres près Paris. Cette dernière fabrication avait lieu auparavant au château de Vincennes, où l'avait fondée le marquis de Fleury. On travaille aujourd'hui à Sèvres une porcelaine transparente comme celle du Japon, à l'aide du *kaolin* et du *pe-un-tse* trouvés dans le sol français même, par deux chimistes français, dont l'un est Darcet, que guidèrent les indications de Réaumur. — La fameuse tour de porcelaine de Kiang-Ning en Chine, fut construite au treizième siècle.

POSTE (*aux lettres*). Établie en France, par Louis XI. — La *petite poste* de Londres date de 1683 ; celle de Paris fut créée en 1759, par le conseiller d'État Chamousset.

POTENCE. Enguerrand de Marigny, administrateur général des finances sous Philippe-le-Bel, fut pendu sous Louis-le-Hutin à une potence, nouveau supplice de son invention, qu'il avait fait dresser à Montfaucon près de Paris, et fut sacrifié ainsi à la noblesse, sans qu'on lui laissât même la faculté de se justifier de concussions et de crimes imaginaires. (V. *Guillotine.*)

POTERIE. Les Athéniens ont immortalisé la mémoire de leur compatriote Chorebus, inventeur de la poterie, que les Etrusques, par leur fabrication, rendirent d'un prix inestimable (V. *Faïence.*)

POUDRE. Malgré l'invention qu'en fit en Europe le moine allemand Berthold Schwartz, entre 1340 et 1350, la poudre à canon est connue en Chine de temps immémorial. — La *poudre-coton* a été récemment inventée. Mais comme les sept villes de la Grèce qui se sont disputé l'honneur d'avoir donné le jour à Homère, tant de concurrents se disent les pères de cette invention qu'il est impossible de lui en assigner un et de ne pas la considérer comme bâtarde.

POUPÉES. Celles des petites et des grandes filles romaines (sous les derniers empereurs), qu'on ne manquait pas d'enfermer avec elles dans leurs tombeaux lorsque la mort les atteignait prématurément, étaient généralement de cire, de bois, de plâtre et d'ivoire.

POURPRE. Tout le monde est initié à l'histoire de cette découverte dont le hasard a fait encore tous les frais en brisant par la gueule d'un chien un coquillage sur le bord de la mer : la couleur dont alors se teignit sa gueule fut l'objet d'une telle admiration qu'on s'empressa de chercher le moyen de l'incorporer aux étoffes. Le noble coquillage a été depuis détrôné par le vil insecte ; et la cochenille a exclusivement aujourd'hui l'empire du carmin, de la pourpre et de l'écarlate. (V. *Cochenille.*)

PRALINES. C'est le maître d'hôtel du maréchal Duplessis-*Praslin* qui imagina de servir à la table de son maître , sous cette enveloppe nouvelle, des amandes auxquelles il donna l'un de noms du maréchal.

PRUNES. Elles nous sont venues de Syrie et de Dalmatie. Les *Damas* et les *Mirabelles* furent importées en Provence et en Lorraine, en 1450, par le bon roi René ; c'est la fille de Louis XII, première femme de François Ier, qui, en 1503, donna son nom aux *Reine-Claude* ; et celles dites *Monsieur* doivent leur nom à la préférence que leur donnait, en 1661, le frère de Louis XIV.

PUITS (*artésiens*). Dénomination donnée à ces puits forés et à ces eaux jaillissantes, parce que les premiers percements pour les découvrir furent faits sur le sol du Pas-de-Calais et de l'*Artois*. Le forage du puits de Grenelle par Mulot est un des exemples les plus remarquables d'une constance de volonté et d'inébranlable conviction qu'aucun obstacle ne peut rebuter. — L'histoire sainte a rendu célèbre le puits de Jacob près duquel Jésus convertit la Samaritaine, aux environs de Sichem (aujourd'hui Naplouse), ville de Judée ; l'histoire profane, ceux que Tamerlan fit combler après y avoir jeté vivants quatre mille cavaliers arméniens.

PYRIQUES. La première invention de ces feux de Bengale, de ces flammes d'artifices, de ces jeux pyriques en un mot qui embrasent les dénoûments de certaines pièces de spectacle, est due aux Ruggieri.

Q

QUAI. Le quai des Augustins, qui date de 1312 et que Philippe-le-Bel opposa aux débordements de la Seine, est le premier quai que Paris ait possédé, et le dernier qu'on ait, en 1849, agrandi monumentalement.

QUILLES. On ne connaît pas l'origine du jeu de quilles proprement dites, mais l'usage de celui de siam en France coïncide avec la présence à la cour de Louis XIV (en 1680) des ambassadeurs du roi de cette nation.

QUINQUETS. Inventés en 1785 par *Quinquet* et Lange. (V. *Éclairage.*)

UQINQUINA. D'origine péruvienne, ce fébrifuge fut importé en France par le cardinal Lugo, en 1650 ; et sa vogue, ainsi que celle de l'émétique, date de 1680. — Ie célèbre Leroy ne craignit pas de rivaliser avec le Pérou, avec la nature, et il composa de végétaux indigènes ce quinquina français qui a rendu tant de services à l'humanité.

R

RADEAUX. Les éléphants d'Annibal traversèrent le Rhône sur des radeaux. — Les ingénieurs de Charles XII excellaient dans la construction des radeaux, sur lesquels ils faisaient passer les rivières à toute l'armée, artillerie et tout le matériel compris. — Mais aucun de ceux que l'histoire a cités n'a acquis la triste célébrité de celui qui avec la mer servit de tombe à presque tous les naufragés de la *Méduse.*

RAMONAGE. *Ramon,* vieux mot qui signifie *balai,* est la véritable racine des noms de *Ramonage* et de *Ramoneur.* L'Angleterre a substitué une machine aux êtres vivants. Ce sont des brosses en fil de fer qui remplacent les petits Savoyards pour le ramonage de leurs cheminées.

REDINGOTE. Mode venue d'Angleterre au commencement du dix-huitième siècle. — La redingote grise de Napoléon devint sous l'Empire une bannière glorieuse comme le panache blanc de Henri IV, et comme l'oriflamme de Saint-Denis.

RÉFRACTION. Lois de la réfraction trouvées par Descartes en 1629. — Le mirage est dû à la réfraction de la lumière.

RELIURE. Cette industrie est contemporaine de la fabrication du papier. Antérieurement on roulait les feuilles et les parchemins. Les Simier, les Thouvenin et les Bradel ont fait un art de cette utile industrie.

RESTAURATEUR. C'est dans la rue des Poulies que fut ouvert en 1767 la première cuisine de restaurateur. Elle était dirigée par un nommé Boulanger, qui n'avait pas craint de mettre pour enseigne ou devise au-dessus de sa porte cette parodie des livres Saints : *Venite ad me omnes qui stomacho laboratis, et ego* RESTAURABO *vos.* « Venez à moi, vous tous qui avez faim, et « je vous restaurerai. »

RESTAURATION (*des tableaux*). Art véritable, art si utile dont l'école vénitienne eut les prémices, et qui l'a transmis à la nôtre pour le perfectionner. On cite comme la plus remarquable des restaurations le tableau de Raphaël nommé *la Vierge de Foligno.*

RÉVERBÈRES. Le lieutenant de police La Reynie remplaça en 1770 les lanternes par les réverbères, auxquels furent pendus en 1789 ceux que le peuple appelait alors *aristocrates,* et qu'il nomme aujourd'hui par abréviation *aristos.*

ROMANCES. La musique des suivantes : *Quoi! vous partez pour aller à la gloire; — Colin se plaint de ma rigueur; —*

Partant pour la Syrie; — *Reposez-vous, bon chevalier,* — est de la reine Hortense, mère de Louis-Napoléon, président de la République française en 1849. — La romance si connue *Il pleut, il pleut, bergère,* est de Fabre d'Églantine. (V. *Chansons.*)

ROSEAUX. Ils servirent seuls à écrire jusqu'à l'invention des plumes. Ceux renommés de l'Eurotas, aujourd'hui *Basilipotamo,* ont encore le même renom. Les légendes chrétiennes ont consacré les trois roseaux, prêts à signer l'arrêt de bannissement de saint Basile, qui se brisèrent successivement entre les mains de l'empereur arien Valens : le prince, effrayé du miracle, déchira l'arrêt.

ROTATION. Ce fut en 1610 que Galilée démontra la rotation du soleil pressentie par Képler, et découvrit les satellites de Jupiter et les phases de Vénus. — Ce système de Copernic (mouvement de la terre autour du soleil) fit condamner Galilée, en 1633, par l'inquisition de Rome, pour l'avoir soutenu et démontré. Il fut forcé de faire à genoux la rétractation de cette puissante vérité, tellement puissante, qu'il ne put s'empêcher en se relevant de frapper du pied la terre et de s'écrier : *E pur si muove* (et cependant elle tourne)!

S

SAFRAN. Sa culture a été entreprise au commencement du seizième siècle dans l'Angoumois. — On le donne en décoction dans l'Inde pour enivrer et exalter le courage des femmes qui ne veulent pas survivre à leurs maris. — Rires immodérés qu'il provoque, pris à trop forte dose, suivis souvent de la mort.

SANG. Sa *circulation* fut découverte et démontrée en 1608 par l'Anglais Guillaume Harvey. — Le premier qui imagina et pratiqua sa *transfusion* sur les animaux fut le médecin saxon André Libarius ; d'autres disent que ce fut un nommé Denis, qui, au dix-septième siècle, eut l'idée de faire passer dans les veines d'un animal le sang d'un autre, afin de le rajeunir. Ces premières expériences amenèrent celles que l'on fit ensuite sur l'humanité : l'appât du gain engagea des malheureux à subir le supplice volontaire de la transfusion dans leurs veines du sang tiré de l'artère d'un veau : ils moururent tous dans les convulsions et le délire; et un arrêt du parlement porta les peines les plus sévères contre l'exercice de pareilles opérations.— L'insuccès de ces premiers opérateurs tient à ce qu'ils se servaient d'animaux différents. La réussite eût été, pense-t-on, certaine si l'on se fût servi pour ces malheureux du sang de leurs semblables, c'est-à-dire du sang des hommes, comme l'ont prouvé depuis Prevost et Dumas. Mais ces tentatives ne se sont pas depuis lors assez renouvelées pour qu'on puisse en proclamer le succès. — Valère Maxime raconte que Thémistocle, pour n'être pas forcé de combattre contre sa patrie, prit la coupe remplie du sang d'un taureau offert en sacrifice, et s'empoisonna en la buvant tout entière. Thucydide, presque contemporain de Thémistocle, ne croit pas à ce suicide. — Quand le duc de Montmorency fut décapité à Toulouse, les hommes d'armes burent de son sang, pour se communiquer la vertu d'un grand cœur. — Pendant la maladie de Mirabeau, un jeune homme avait offert d'essayer sur lui la transfusion du sang pour raviver les veines du grand homme expirant. — Dans son dévouement pour l'humanité, Durosoy, condamné à mort, avait imploré le supplice de la transfusion du sang de ses veines dans celles d'un vieillard. La Convention refusa.

SANGSUE. Invention en 1849 de la fameuse *sangsue mécanique* (dite *Alexandre*), qui est destinée à remplacer avec une supériorité incontestable les sangsues vivantes, et que l'Académie de médecine a considérée comme une invention toute nationale. « Une fois, dit Châteaubriand (condisciple de Broussais au collége « de Dinan), M. Broussais fut mordu au bain par d'ingrates sang- « sues, imprévoyantes de l'avenir. »

SELLES. Les anciens Germains et, parmi eux, notamment les Suèves, montaient leurs chevaux *à poil* et regardaient l'usage des *selles* comme un luxe honteux. — Elles furent perfectionnées sous Théodose-le-Grand (379). En 1380, les dames commencent à monter à cheval sur des selles en travers.

SERPENT. C'est un chanoine d'Auxerre, qui, donnant chez lui, des concerts de musique sacrée, imagina, à la fin du seizième siècle, de tourner en spirale l'instrument en cuir bouilli dont il se servait; il devint bientôt d'usage dans les églises métropoles. On le perfectionna, le cuir bouilli devint cuivre, à ce cuivre on adapta des clefs, et son dernier perfectionnement, sa dernière puissance est l'*ophicléide* (mot qui signifie *serpent à clefs*).

SERRURES. Il n'y a pas fort longtemps que les serrures en fer sont d'un usage général. Une corde autrefois en tenait lieu; on y substitua des verroux en bois, puis à ces verroux les serrures de bois rapportées en 1801 de l'expédition d'Égypte. Vinrent enfin les serrures en fer, si bien perfectionnées aujourd'hui par les Fichet et les Huret, plus célèbres encore par leur duel à réclames dans tous les journaux de Paris.

SERVIETTES. Les Romains ne connaissaient pas l'usage des serviettes comme les nôtres; elles étaient faites d'amiante et passées au feu quand elles étaient sales. On se servit après eux de serviettes en *laine*, mais uniquement pour les ablutions; ce fut, dit-on, à Reims que les premières de toile furent fabriquées. A table, c'étaient les bords et les bouts de la nappe qui servaient à chacun des convives.

SÈVE. Sa circulation fut découverte en 1667 par Matpighi, médecin d'Innocent XII.

SEXTANT. Intsrument à réflexion, inventé par Hooke en 1665, et perfectionné (ou a double réflexion) par Halley en 1731, pour mesurer en mer la hauteur du soleil au-dessus de l'horizon et sa distance ainsi que celle des étoiles à la lune; mais aujourd'hui remplacés tous les deux par celui de *Borda*.

SIBÉRIE. Découverte en 1579, pour le malheur de la Pologne, par des chasseurs de martres et d'hermines, entraînés sur la glace par l'ardeur de la poursuite au delà de leurs excursions habituelles.

SIGNATURES. Les signatures par les parties au bas des actes notariés ou autres n'ont remplacé le scellé ou cachet unique que vers la fin du seizième siècle, par arrêt du parlement de Paris; mais longtemps encore après cet arrêt, les gentilshommes se drapèrent dans leur ignorance et laissèrent à la bourgeoisie, au prolétariat même, au peuple enfin, l'unique et véritable noblesse, la noblesse acquise, celle que donne la gloire du travail, l'éclat des talents, les splendeurs de la vertu. C'est ce que le noblesse de hasard finit par comprendre; elle descendit des hautes régions de son orgueil, entra dans la lice avec la foule; le niveau s'établit, l'égalité commença, et les grands noms d'autrefois se font gloire aujourd'hui d'apporter à la République nouvelle autant d'illustres travaux dans les lettres, dans les sciences, dans les arts, qu'ils se faisaient honneur d'en apporter peu aux siècles passés.

SOIE. La fabrique de la soie, d'origine sicilienne, pénétra de Sicile en Italie et en Espagne. La première manufacture de soierie française fut établie à Tours par Louis XI en 1470 ou 1474; Henri IV en établit aussi à Lyon et à Paris. — Les premiers bas de soie furent portés en France par Henri II (V. *Vers à soie*).— (Pour l'invention du lustre que l'on donne aujourd'hui à la soie, V. *Taffetas*.)

SOULIERS. Inventés l'an 219 avant J.-C., époque à laquelle ils furent substitués aux sandales, ou plutôt on les porta simultanément avec elles. On les fit d'écorce d'arbres, on les fit de jonc, on les fit de cuir, et on s'en tint là. Les plus renommés sont les petits souliers de Cendrillon, de Rhodope et des Chinoises mandarines.

STATIQUE. Inventée par Archimède.

STÉNOGRAPHIE. L'utilité de cette invention est, suppose-t-on, d'origine grecque, mais le perfectionnement et la réalité de l'invention elle-même a une date toute moderne (1782).

STÉRÉOTYPIE. Cet art que les Didot et les Herhan ont porté en 1798 aux dernières limites de la perfection, fut pratiqué en France, en 1735, par un imprimeur du nom de Walleyre, et dut son principe de perfection, en 1739, à l'Anglais William Ged, pour qui l'Angleterre a usurpé longtemps le mérite de cette invention.

SUCRE. Les Grecs le nommaient *sel indien*, *miel de roseau*, et les Romains *saccharum*, d'où le mot *sucre*.—La *canne à sucre* est originaire de la partie des Indes qui est au delà du Gange, mais connue et travaillée en Chine plus de deux mille ans, assure-t-on, avant son introduction en Europe. L'Arabie la posséda d'abord dès le neuvième siècle. Ce fut ensuite la Nubie, puis l'Égypte, l'Éthiopie, la Syrie, Chypre et la Sicile, qui en 1420 la transmit au Portugal; le Portugal à l'île de Madère, l'Espagne aux Canaries, puis à l'île Saint-Thomas, dont les manufactures se multiplièrent au commencement du seizième siècle. Saint-Domingue enfin la dut à la découverte de l'Amérique, et sa reproduction y fut si abondante qu'elle en eut bientôt avec les Indes le monopole presque exclusif. Mille tentatives furent faites alors pour rivaliser avec l'Amérique; mais le sucre, produit de la cristallisation des sirops de *miel*, de *raisin*, de *prune*, de *maïs*, de *châtaignes*, de *marrons*, de *pommes de terre*, de *panais*, de *carottes*, de *bouleau* et d'*érable*, ne put tenir contre la concurrence sérieuse de la BETTERAVE. On en fait remonter la fabrication à l'année 1605, et les uns l'attribuent à Olivier de Serres, d'autres au chimiste prussien Margraf, en 1717. Le succès en fut si merveilleux et la propagation s'en est depuis tant multipliée, que notre affranchissement du tribut que nous payions aux colonies date de 1806, époque où le sucre de betterave remplaça définitivement celui des Antilles.

T

TABAC. L'introduction de cette plante en Europe a eu lieu vers la seconde moitié du seizième siècle, par l'intermédiaire de Nicot, ambassadeur à la cour de Portugal, et elle fut présentée à Catherine de Médicis, ce qui lui fit donner d'abord le nom de *Nicotiane* et d'*herbe à la Reine*. Mais les Espagnols qui l'avaient tirée de l'île de Tabago, l'Anglais Francis Drake, qui l'en apporta également à Londres en 1585, firent prévaloir ce nom, et le nom de tabac (*tabacco*) lui est resté. Ce sont les Sauvages qui ont enseigné aux Européens l'art de fumer le tabac. — Il est cultivé en France dans les départements du Nord, du Pas-de-Calais, du Bas-Rhin, d'Ille-et-Vilaine, du Lot, et de Lot-et-Garonne. — Santeul mourut empoisonné par le prince de Condé, qui, ne connaissant pas la puissance délétère de cette substance, vida par plaisanterie le contenu de sa tabatière dans le verre du poëte.

TABLES. La table à Rome ne servait qu'à poser les mets, on ne mangeait pas dessus : on l'essuyait à chaque changement de service. — Les citoyens de Rome dressèrent vingt-deux mille tables servies avec profusion pour solenniser le triomphe de César.

TAFFETAS Le hasard a encore mis au service de l'observation attentive et d'une intelligence supérieure la découverte de cette transmutation de la soie qu'on appelle *taffetas lustré*. Un marchand de soie de Lyon, Octavio Maï, avait, tout en méditant sur son commerce tombé bien bas, macéré dans sa bouche une petite touffe de soie écrue : il finit par la cracher, y porte machinalement les yeux, est frappé du lustre inaccoutumé qu'il y aperçoit, sort de sa rêverie, examine, devine tout, et produit bientôt ces taffetas éclatants qui ont rendu si célèbre, en les enrichissant, les manufactures des Lyonnais.

TAMBOUR. L'usage du tambour dans les armées, postérieur à celui des trompettes, nous fut communiqué par les Anglais, à l'époque du siége de Calais par Édouard III (1347); mais il avait été introduit en Europe par les Sarrasins. — La cavalerie avait autrefois des tambours : l'incommodité qui en résultait en a rendu la suppression inévitable.

TAPIS. La Perse, et non la Turquie, qui les importe chez elle de la Perse, nous a devancés dans la fabrication des tapis; mais la France leur est infiniment supérieure pour la beauté des dessins et la perfection du travail. Les principales fabriques qui s'y établirent furent fondées au huitième siècle par les Arabes. Le magnifique établissement qui reçut le nom de *Savonnerie* est dû à Louis XIII, qui l'ouvrit à Chaillot dès le commencement de son règne (1610-1611); et la manufacture, non moins célèbre, d'Aubusson s'établit dans cette ville à l'instar de la première, en 1763.

TAPISSERIES. Les Grecs et les Romains firent venir les leurs d'Orient. Les premières tapisseries parurent en France à l'époque de l'irruption des Sarrasins sous Charles-Martel (année 720) et sont l'œuvre d'ouvriers maures; mais cet art n'acquit l'importance d'une manufacture que sous Henri IV et Sully, dont la haute influence et l'autorité furent néanmoins sans effet notable sur l'extension des tapisseries jusqu'à l'époque du grand Colbert, de ce protecteur-né de tous les arts, qui fit sienne l'œuvre de son digne prédécesseur Sully, et l'établit aux Gobelins en 1667, avec le peintre Lebrun pour directeur.

TEINTURE. La teinture au moyen de l'acide muriatique oxygéné (acide hydro-chlorique) fut imaginée par Berthollet. (V. *Cochenille et Pourpre*.)

TÉLÉGRAPHE. Invention connue il y a deux mille ans, d'après Polybe ; retrouvée en 1557 par le fils de l'évêque de Bath, et en 1641 par l'évêque de Chester, ensuite par Dupuis en France, et enfin renouvelée par Chappe et expérimentée en 1791, puis en 1793 devant le comité d'instruction publique de la Convention. Les 65 lieues de Calais sont franchies en 3 minutes par le télégraphe, les 120 lieues de Strasbourg en 6 minutes et demie, les 220 de Toulon en 20 minutes.—Les télégraphes *électriques*, d'invention toute récente, franchissent les plus grandes distances avec la rapidité de leur nom, c'est-à-dire celle de la foudre ou de l'électricité.

TÉLESCOPES. Le secret que Jacques Métius dut au hasard (V. *Lunettes*) et dont il fut si avare qu'il refusa constamment de le publier, fut retrouvé par Galilée, à qui le bruit de cette découverte était parvenu et qui par la seule force de son génie inventa réellement et propagea libéralement une découverte que Métius avait crue ensevelie à jamais.—Le télescope le plus renommé, après ceux de Galilée et de Newton, est le grand télescope d'Herschell, qu'il fit établir en 1788, et avec lequel il a enrichi la science astronomique de tant d'étonnantes découvertes.

THÉ. C'est la feuille d'un arbrisseau qui croît au Japon, à la Chine, et dans une grande partie de l'Asie. Les Hollandais l'introduisirent en Europe en 1610 ; de Hollande il passa en France en 1636, et en Angleterre en 1666 ; mais c'est la Chine qui aujourd'hui fournit presque toute la consommation qui en est faite en Europe, notre sol et celui même de l'Amérique ayant toujours été rebelles à cette culture.—Les *Thés* de la cour de Charles II ont eu une grande célébrité : *un Thé* était un plaisir très-rare à cette époque, et même fort cher à Londres, d'après d'Israëli (*Curiosités littéraires*, t. III, p. 165).

THERMOMÈTRE. Inventé en 1600 par le Hollandais Camille Drebbel, perfectionné par Réaumur.—Celui de *Réaumur* se divise en 80 degrés, le thermomètre *centigrade* en 100 degrés. En Angleterre et en Russie on se sert de celui de *Fahrenheit*.

TIMBRE. Les formalités du timbre doivent leur origine à un édit de Justinien (527); mais l'usage n'en fut définitivement établi en France qu'en 1653, bien qu'il y eût été introduit un siècle auparavant.

TISSAGE. Les anciennes machines de tissage, si funestes aux enfants, aux jeunes filles, dont leur complication exigeait le concours, ont été, heureusement pour l'art en lui-même, mais surtout pour l'humanité, remplacées dans toutes les manufactures de l'Europe par le simple mécanisme du métier à *la Jacquart*, qu'un seul ouvrier suffit à faire manœuvrer avec tant d'aisance et tant de rapidité.

TISSERAND. L'art du tisserand fut connu en France antérieurement au dixième siècle.—Pierre Kœnig, consul des tisserands de Bruges, vers 1298, rassembla la populace flamande, indignée de la dureté du gouverneur Jacques de Châtillon, et dirigea le massacre de quinze cents Français.—Le premier métier du fameux brigand napolitain Fra-Diavolo, pendu le 10 novembre 1806, était celui de tisserand.

TOILES. L'invention de la toile de lin est attribuée aux Sidoniens et aux Phéniciens. La fabrication des toiles *de chanvre* ne devint générale que dans les douzième, treizième et quatorzième siècles.—Les toiles *peintes* remontent en France au règne de Charles VI, qui en 1394 en envoya à Bajazet, tirées de ses fabriques de Reims.—Celles dites de *cretonne* ont pris leur nom de celui d'un fabricant de Lisieux (*Creton*) qui s'acquit une grande réputation par ses métiers de toile de lin.—Gay-Lussac a rendu les toiles *incombustibles* en les imprégnant de phosphate d'ammoniaque: le sulfate de potasse et d'autres substances ont la même vertu.

TONNEAUX. Les tonneaux étaient inconnus des Grecs et des Romains, qui se servaient de cruches et d'outres pour la conservation de leurs vins de Lampsaque, de Sétin, de Cécube, de Massique, d'Albe et de Falerne surtout (ou vin consulaire).—Depuis une vingtaine d'années l'Angleterre en fait à la mécanique.—Crésus, roi de Lydie, avait consacré à Apollon quatre tonneaux d'or.—Les Carthaginois enfermèrent dans un tonneau garni de pointes de fer le consul Régulus, coupable d'avoir été fidèle envers eux à sa parole de Romain.—Le duc de Clarence, frère d'Édouard IV, condamné à mort et sommé de choisir le genre de son supplice, opta pour un tonneau de vin de Malvoisie, dans lequel il fut en effet précipité pour y trouver une mort digne de sa vie.—Proudhon le socialiste est le fils d'un tonnelier.

TRANCHÉE. Inventée dans les siéges de places par le marquis d'Uxelles, en 1673, et perfectionnée par Vauban. « Ce « maréchal fait des miracles : il nettoie les tranchées tous les « deux ou trois jours avec une propreté extraordinaire. » Mme DE SÉVIGNÉ.

TRANSFUSION DU SANG. (V. *Sang.*)

TRAVAIL. La *division du travail* est une découverte non moins importante par ses résultats que toutes celles que l'on a faites. On peut en voir un exemple au mot *Cartes* et au mot *Aiguilles.* Voici la pensée atroce que ce mot a inspirée à un philosophe bien fatalement célèbre aujourd'hui : « Personne « n'a droit au travail : quiconque n'a aucun moyen d'existence « est de trop sur la terre. » MALTHUS.

TRÉPAN. Opération chirurgicale heureusement traitée pour la première fois par Tenon, en 1795.

TRICOT. Originaire du village de ce nom près de Montdidier (Somme), d'où est venu le verbe *tricoter.*—L'empereur François II d'Allemagne, à la première révolution, forçait les prisonniers italiens à tricoter comme des femmes, dans les cachots du Spielberg.

TROMPETTES. Fort antérieures à l'usage des tambours, puisqu'on s'en servit dans les armées romaines et qu'il n'y a pas trace, à cette époque, du dernier instrument.—La *tuba* romaine était droite ; le *lituus,* le *cornu* et la *buccina* étaient recourbés.

TRUFFES. L'usage des truffes nous est venu des Espagnols La voracité des cochons a donné l'idée de dresser des chiens barbets pour la découverte des truffières.—Les truffes ont joué un rôle politique considérable dans les Chambres législatives qui ont précédé la Révolution de 1830.

TUILES. Leur fabrication n'était pas ignorée des Anciens, témoin celle qui tua Pyrrhus dans Argos, lancée par une femme dont il avait égorgé le fils.—La bêche du laboureur rencontre encore aujourd'hui et brise sous ses coups les larges tuiles sous lesquelles étaient ensevelis les Sarrasins dans les champs de la Provence.

V

VACCINE. Mot qui vient du latin *vacca,* vache, parce que c'est au pis de ces animaux que sont prises les pustules que l'on inocule aux enfants pour les préserver de la petite vérole. Les premières expériences de vaccine furent faites en Angleterre par le docteur Edward Jenner, en 1798, et bientôt après à Paris par le docteur Pinel (Salpêtrière). Les désastres de la petite vérole étaient tels à cette époque et la terreur qu'elle inspirait si grande.

qu'à l'inverse de toutes les grandes vérités de la science et des arts, dont la défiance, l'envie et tant d'autres obstacles concourent à rendre la manifestation si tardive, la vaccine se propagea en Europe et en Asie, de 1798 à 1802, avec une rapidité digne de l'importance et de la grandeur de la découverte.

> Et dans chaque cité le prévoyant hospice
> Offre à l'art de Jenner un asile propice.
>   SOUMET.

VAPEUR. La première machine à vapeur a été imaginée par Papin, notre compatriote, qui, vers la fin du dix-septième siècle, eut l'idée de faire mouvoir un piston par la force élastique de la vapeur, et il proposa même la construction de bateaux dans ce système, quarante-deux ans avant Jonathan Hull, qui en revendiqua l'initiative. Mais en réalité le premier bâtiment mû par la vapeur fut lancé sur la Saône, en 1783, par l'ingénieur Jouffroy d'Arbans ; et le premier qui servit au transport des hommes et des marchandises fut le pyroscaphe construit par Fulton en 1807, à New-York. Avant lui, le célèbre mécanicien écossais James Watt avait perfectionné toutes les machines de ses prédécesseurs (V. *Locomotives*). — La vapeur fut appliquée, en 1824, aux armes à feu portatives et à l'artillerie, par l'Anglais Perkins.

VENTILATEURS. Inventés en 1741 par le physicien anglais Hales.

VER A SOIE. L'observation que deux moines persans, envoyés par Justinien (680), firent en Chine, du travail du ver à soie, dont ils rapportèrent des œufs à Constantinople, recueillis dans des cannes creuses, a valu à la Grèce (sixième siècle), et à la Sicile après elle (1130), l'art d'élever les vers à soie et de fabriquer leurs produits. — Le ver qui en Chine se nomme *sina*, (soie), et qui file des cocons d'une entière blancheur, n'est élevé sérieusement en France que depuis 1803, et donne des produits plus estimés, conséquemment plus chers, et néanmoins plus recherchés que les autres. Le produit des magnaneries (chambres qui renferment les vers) dépasse annuellement en France la somme de cent millions.

VERNIS. Le vernis n'est connu en Europe que depuis le seizième siècle, époque à laquelle les jésuites le rapportèrent de la Chine.

VERRE. Le hasard encore ! et presque toujours le hasard ! Il se rencontre encore ici dans la découverte du verre. Des marchands phéniciens, dit la chronique, stationnant sur les bords du fleuve Belus, voulant faire cuire leur repas et manquant de pierres pour soutenir leurs vases au-dessus du feu, se servirent du nitre dont ils faisaient le commerce : le nitre embrasé se mit en fusion et, mélangé au sable du rivage, produisit cette liqueur transparente qui fut nommée *verre*. Mais la fabrication n'en commença à Rome que la dernière année du règne de Tibère (37). — De l'Italie cet art passa en France, et en 674 de France en Angleterre ; mais l'extension réelle des manufactures de verrerie ne date en France que du ministère de Colbert. (V. *Glaces*.)

VIGNE. Tout le monde sait que l'Écriture fait remonter à Noé la plantation de la vigne, et elle nous fait remarquer celle de Naboth que Jézabel fit avoir à Achab par un faux témoignage sur la foi duquel Naboth avait été lapidé. — Dans la campagne romaine on la faisait monter sur les peupliers et principalement sur les ormes.— Dans la fête des Ramalies en l'honneur de Bacchus et d'Ariane, on portait en procession des ceps de vigne, chargés de leurs fruits.—Sa culture est pratiquée en France dans soixante dix-sept départements. — Le plus grand ennemi de la vigne est l'insecte appelé *pyrale*, chenille qui se multiplie à l'infini.

VIOLON. Le violon à trois cordes ou *rebec* date des croisades ; la quatrième corde n'est pas antérieure au dixième siècle. Ceux de Mirecourt, dans les Vosges, sont renommés ; un seul jour suffit pour en fabriquer un au prix de 2 fr. 50 c. Parmi les plus grands violonistes de ce siècle, on distingue Paganini, Artot, Olbull, Vieuxtemps, Bériot et Saint-Léon.

VIOLONCELLE. L'Italien Buonocini en fut l'inventeur en 1727. — Les plus renommés violoncellistes de ce siècle sont Batta, Servais et Jacques Offenback.

VIS. La vis sans fin est encore de l'invention d'Archimède.

VITRAUX. Il n'y a pas trace de *vitraux* en Europe avant le douzième siècle ; et , bien que l'on fixe l'apogée de cet art au quinzième et au seizième siècle, rien ne s'est fait alors de plus riche et de plus harmonieux que les vitraux du treizième siècle. — On cessa de faire des vitraux à partir du dix-septième siècle, mais pour cela cet art ne fut pas perdu ; quand on a voulu en refaire on en a refait : et malgré l'erreur commune et le préjugé, il est constant que jamais les secrets de la peinture sur verre n'ont été ni perdus ni retrouvés. — Pour désigner une belle couleur de vin on disait il y a à peu près un siècle : *C'est du vin de la couleur des vitres de la Sainte-Chapelle.* Nous verrons bientôt si l'on peut en dire autant de celles qu'on vient de restaurer (1849) en même temps que l'église.

VITRES. Les Romains n'employaient pas de vitres pour leur fenêtres, mais une espèce de pierre blanche, diaphane, qu'ils appelaient *spéculaire*. Cependant l'usage du verre finit par s'établir en Italie, puis en France, d'où il passa en Angleterre vers 1180 (bien antérieurement selon quelques auteurs), mais dès lors d'un usage fort restreint; jusqu'au quatorzième siècle même les fenêtres des riches habitations avaient à peu près seules de véritables vitres, laissant au reste de la cité les volets de bois et les carreaux de papier ou d'étoffe. — On croit que les premières fenêtres vitrées furent celles de l'abbaye de Wermouth, et elles le furent par des ouvriers en verre, sous la conduite de l'abbé Béuédict. — Aux funérailles de Mirabeau, qui se firent à Saint-Eustache, au moment où vingt mille gardes nationaux déchargèrent à la fois leurs armes sur le cercueil du grand tribun, toutes les vitres du temple se brisèrent : *On crut*, dit un historien, *que l'église s'écroulait sur le cercueil.*

VOITURES (publiques). La première voiture publique date de 1571 ; sa destination était de Paris à Orléans, et elle fut établie par ordre de Charles IX. — Celles à *vapeur*, pour voyager sur les chemins ordinaires, furent construites pour la première fois en Angleterre en 1821. On en a exécuté, depuis, qui ont pu faire, sans emploi d'aucune voie de fer, et sur les routes publiques, jusqu'à six lieues à l'heure, chemin de montagne, et huit lieues en pays de plaine. (V. *Carrosses* et *Fiacres*.) — Cathelineau, général en chef des armées vendéennes, était un simple voiturier.

Z

ZINC. Ce métal fut découvert au milieu du seizième siècle, par Paracelse. Le zinc ne jouit pas de l'innocuité de l'étain, et ne saurait être employé sans inconvénient à l'étamage des vases de cuisine. — *L'oxyde de zinc* est employé en médecine contre l'épilepsie, les névroses, la toux convulsive et la danse de Saint-Guy. Le *sulfate* et le *chlorure de zinc* sont aussi du domaine de la Faculté.

FIN.

Paris.—Imprimerie Bonaventure et Ducessois, 55, quai des Grands-Augustins.